ORIGINAL POINT PSYCHOLOGY | 沅心理

恋爱心理学

——爱是一种能力

刘海骅　编著

华龄出版社
HUALING PRESS

图书在版编目（CIP）数据

恋爱心理学：爱是一种能力 / 刘海骅编著. -- 北京：华龄出版社，2024.3
ISBN 978-7-5169-2729-8

Ⅰ. ①恋… Ⅱ. ①刘… Ⅲ. ①恋爱心理学 Ⅳ. ①C913.1

中国国家版本馆 CIP 数据核字（2024）第 055942 号

策　　划	颉腾文化		
责任编辑	王　慧	**责任印制**	李未圻
书　　名	恋爱心理学：爱是一种能力	**作　者**	刘海骅
出　　版 **发　　行**	华龄出版社 HUALING PRESS		
社　　址	北京市东城区安定门外大街甲 57 号	**邮　编**	100011
发　　行	（010）58122255	**传　真**	（010）84049572
承　　印	文畅阁印刷有限公司		
版　　次	2024 年 3 月第 1 版	**印　次**	2024 年 3 月第 1 次印刷
规　　格	650mm × 910mm	**开　本**	1/16
印　　张	14.75	**字　数**	204 千字
书　　号	ISBN 978-7-5169-2729-8		
定　　价	79.00 元		

推荐序一

安全感、归属感和幸福感均为爱的结果

人是生活在关系中的，其中亲密关系对人的影响尤为深远。良好的亲密关系能够给人带来安全感、归属感和幸福感；反之，若亲密关系处理不好，会增加人的心理困扰，影响日常生活与工作，甚至阻碍个人的成长与发展。

大学生处在青春后期到成年初期过渡的重要阶段，这个阶段的人格发展任务是自我同一性——他们既有人格独立的需要，又有获得温暖、信任的亲密关系的需要；他们既要练就处理亲密关系冲突的能力，又要为未来建立良好的婚姻关系做好准备。但由于缺少必要的心理学知识，他们常常在人际沟通和恋爱交往中受挫，由此产生心理困扰，甚至发展为心理疾病或引发自杀危机。成年后，人格发展任务转变为与他人共享亲密关系的能力，这是一种与他人建立稳定和幸福的亲密关系的能力，对每个人都是一项挑战：不仅要学会正视和接纳自己在亲密关系中的需要，也要学会理解和尊重对方在亲密关系中的需要，还要培养处理冲突、维持关系、创造幸福的能力。

为了满足青年人心理成长的需要，许多高校开设了人际交往心理学课程。海骅博士通过深入的调查研究，了解到亲密关系问题是青年人压力的主要来源之一，因此他开设了“压力管理：亲密关系专题”北京大学选修课程，讲述青年人在亲密关系中所遇困难的案例，并运用不同流

派的心理学理论进行分析指导，帮助青年人学习如何建立良好的恋爱关系，这样的课程在高校中并不多见。海骅博士在北京大学开设的这门课程，受到了师生的广泛欢迎。为了向更多读者分享他的教学研究成果，他又将这门课程的讲义整理为书稿。我很荣幸受邀为他的书作序。

通读此书，我认为它有以下三个特点。

第一，从人们在亲密关系中所遇到的实际问题入手，契合读者的需要，让读者备感亲切，从而引发他们学习和探究的兴趣，也使读者学以致用，具有较强的实用价值。

第二，用不同心理学流派的理论对亲密关系中遇到的实际问题进行分析和指导，帮助读者了解自己和他人行为背后的心理原因（如动机、兴趣、情绪等），了解人际沟通过程中的心理因素，在此基础上给读者与他人建立和谐的亲密关系提出了切合实际的心理学方法。

人性是很复杂的，心理学家对人性的长期探索犹如盲人摸象，连续摸了两千多年，至今也不能说对“大象”的全貌都能了解。每个心理学家创造的心理学流派的理论，也只能是从“大象”的某个特征入手试图对其全貌进行探讨，仍然不能确定“大象”的全貌。因此，个体行为背后的心理原因并非某种心理学理论可以全然解释清楚的。为了帮助读者更全面地了解自己和他人，以及人际沟通的心理过程，本书选用心理动力学、客体关系、行为主义、认知重建、存在主义及系统视角等多种心理学理论，帮助读者分析实际案例，虽仍不能说这些理论就能达到对人的全面了解，但它们可以给读者提供不同的视角，扩展他们的认知，帮助他们走出单一化、绝对化思维的误区，达至与自我的内在和谐，与他人关系的和谐。

第三，本书的各章都设置了小专栏——学点心理学，结合本章使用的不同心理学理论介绍了许多核心概念，帮助读者学习和理解相关理论，并激发读者在课程之外继续学习和探究心理学的兴趣，延伸了课堂学习。这样的设计非常适合青年人的学习特点。

本书从整体的结构设置，到内容的设计，都很具创新性。本书内容丰富，既有理论深度，又有实用性，很适合高校教师作为对读者进行心理健康教育、教学的参考书，也适合所有期待拥有良好人际关系的人阅读。借此，我推荐给广大读者。

蔺桂瑞

首都师范大学教授

北京高教学会心理素质研究会名誉会长

中国心理学会首批注册督导师

北京大学心理健康教育顾问

推荐序二

更深理解爱，更好实践爱

一直知道海骅在北京大学开设的选修课很受欢迎，拿到了《恋爱心理学》这本根据他的课程编写的书后，我很享受阅读的过程。不由得回想起 20 世纪 90 年代我在北大心理咨询中心工作的时候，学生前来咨询的心理问题，大多跟亲密关系有关。但在大学四年的学习和生活中，学生却很难得到具有针对性、科学性、及时性的指导。那时公开出版的相关书籍少得可怜。记得我曾给一个情绪低落的学生推荐了刚刚出版的《金赛性学报告》（中文全译本），他在我的咨询室里看了 20 分钟后，很开心地离开了。临走的时候，他感激地说，这本书解决了长期困扰他的问题，让他瞬间轻松了很多！

海骅和他的研究生一起编写的这本书一定也能帮助到未名湖畔的年轻学子，以及无数在恋爱关系中饱受困扰、面临挑战的成年人。这本书的特点可以用两个“丰富”、三个“具体”来概括。

两个“丰富”是：

第一，本书涵盖议题丰富。本书涉及的议题涵盖了恋爱中的吸引力变化、性与爱的关系、出轨、亲密关系中的边界感、家庭暴力、再婚后复杂关系的处理等重要且敏感的话题。性与爱的关系问题，是令很多当代青年人烦恼的问题。和从前相比，现在的年轻人有更高比例的婚前性行为，他们在享受身体亲密关系的同时，常常会为心理亲密关系的不稳定而苦恼。本书从心理需要层次论、生理学、进化论、性别差异等方面多视角解读性与爱的关系及变化，视角丰富，视野开阔。

第二，本书涉及理论丰富。本书采用了经典心理动力学、现代客体关系理论、认知心理学、行为主义心理学、存在主义心理学以及后现代系统咨询概念和理念，帮助青年人深入探索和理解在恋爱烦恼、婚姻冲突、家庭暴力等方面，人们深陷其中、难以自拔甚至反复的模式背后，可能存在的深层心理影响因素。这些涉猎广泛的来自心理学不同知识体系的要点，可以拓展读者的阅读兴趣，引领他们用更多不同视角的心理学知识丰富自己、理解自己、接纳自己、提升自己。比如，在“出轨的真相”一节中，作者从深层心理学的“死本能”视角解释了出轨的内在动力，让读者了解到被压抑的欲望可能会以一种联结的方式在客体身上得到释放，有时“补偿”的想法和不健康的自恋可能是导致出轨的因素之一。

三个“具体”是：

第一，本书大量采用具体案例。海骅一直在心理咨询领域工作，有多年积累的学生心理咨询经验。他编写的亲密关系相关案例生动形象、贴近生活。结合这些案例，对读者在恋爱关系中正在经历以及未来可能经历的不同处境和困难，他结合不同理论流派的知识框架，给出了清晰而深入的诠释，让读者在得到新知识的同时，更容易对照案例理解理论要点，也更容易联系自己的具体情况，从而缓解自身的焦虑和困惑。

第二，本书大量引用具体数据。海骅在书中提供了大量的研究和调查数据，让人们对问题的严重性、现实性有了更明晰、直观的感受和认识。这些数据带来的震撼，可以帮助年轻人更加正视亲密关系中的问题和潜在风险，也更能积极主动地学习方法并合理应对。

第三，本书大量推荐具体方法。对于缺少实践经验的年轻人来说，理念新颖、简单易行的方法会提高使用的可能性，提升调整亲密关系的效果。本书推荐了大量源于不同心理学流派的技术和操作方法，阐释清晰，操作具体。比如，用后现代系统家庭治疗的提问方式调整对亲密关系的认知角度，在书中作者直接给出了提问的例句：谁是第一个把目前 W 的生活状态称为问题的人？你是如何做到这段时间不让问题出现的？这样简单的问句可以瞬间拓宽视野，将人从原本限定的视角中跳脱出来，看见更广阔的系统，也将更清楚地意识到自己在系统中的位置，并对自己的行为及其影响有更深刻的觉察，从而看见问题中自己可以掌控的另一面，提升自我效能感和价值感。

我相信，阅读这本议题和理论丰富、方法具体的关于恋爱心理的书，一定会帮助年轻学子与成年个体更深理解爱、更好实践爱，拥有更美好的亲密关系。

刘　丹

北京大学临床心理学博士

清华大学心理咨询中心原副主任

中国心理学会首批注册督导师

亚洲家庭治疗学院（AAFT）院士

自序

从依赖到独立，从独立到互赖

我们为什么需要恋爱关系呢？我相信问一百个人就会有一百种答案。但是我相信有一个共识：作为亲密关系核心的恋爱关系，是人类的基本需求。这种基本需求对每个人来讲可能是不同的，亲密关系让我们得以生存，同时为我们提供了爱与被爱的机会，满足了性的需要、安全感的需要、归属感的需要等。亲密关系是每个人最早的关系形态，当我们还是孩童的时候，就有了最初的亲密关系，也就是亲子关系，大量研究表明这种关系的质量对个体日后的恋爱关系状况有着深远影响，甚至发挥决定性的作用。

在人的一生中，我们会吸引一些人，也会被另一些人吸引，我们和其中的一些人谈恋爱、发生性关系，和特定的人结婚、经营家庭、养育子女，我们彼此依赖对方，相互给予支持，当这些关系终止的时候，我们感到无比痛苦！在上述的过程中，我们会遇到并思考一些问题，例如“先有性还是先有爱”“出轨的真相是什么”“如何与伴侣保持舒适的距离”“为什么我们会恐婚”“如何向伴侣提出需求”“如何处理亲密关系中的冲突”“如何修复关系裂痕”“如何摆脱失恋的困扰”“怎样避免人生困境对婚姻的不良影响”“如何平衡伴侣、孩子和自己的关系”，等等。

恋爱关系为我们提供了不可替代的社会支持，帮助我们抵御疾病和维持健康。一些接受伴侣咨询的来访者会和我说，当他们遇到挫折和痛苦的时候，最愿意与亲密的另一半倾诉、向他/她求助，甚至有时候会把他/她当作情绪宣泄的替罪羊，如果他们的真实诉求无法被对方理解和恰当回应，两个人之间就会产生矛盾和冲突。这就需要我们培养自身觉察能力，促进“心智化”发展。“心智化”是一种从内在心理状态来理解他人和自己的能力，是爱的能力的基础。谈到爱的能力，一定无法回避由约翰·鲍比（John Bowlby）提出的依恋理论，对依恋的研究能够揭示有关人类联结的奥秘。依恋的需求让我们通过接近在身体上更加强壮和心灵上更有智慧的人来寻找安全感。它和觅食、交配以及占有空间一样，是一种强大的驱动力，它将促进完成个体恋爱关系模式的塑造，也完成个人从依赖到独立、从独立到互赖的人格成长。

恋爱关系是人际关系的一种类型，因此符合人际关系的一些基本规律，例如曝光效应、相似性原则等。恋爱关系又是人际关系的一种特殊类型，有它独特的方面。本书不仅从社会心理学视角研究恋爱关系，还从临床心理学视角理解恋爱关系。

本书试图让读者理解喜欢、爱恋和性吸引的一些要素，本书的特点包括：一是既通俗又科学，内容有趣，兼具学术化、科学化和规范化；二是问题解决导向，从临床心理学视角来理解恋爱关系，整合了临床心理学中的重要理论和最新研究成果，每个涉及的恋爱关系问题不仅有生动的案例、理论分析，还包含对某类问题的应对策略；三是尽管本书属于关系科学范畴，但是浅显易懂，充满人文关怀。

本书适合学生、心理咨询师、学者及其他所有对心理学感兴趣的人阅读，具有论述生动、逻辑严密、思路清晰和结论科学的特点，希望得到读者的喜爱。

目录

CONTENTS

第一章
【心理动力学】
看穿恋爱中的真实

精神健康的人，总是努力地工作及爱人，只要能做到这两件事，其他的事就没有什么困难。

——西格蒙德·弗洛伊德（Sigmund Freud）

第一节　他对我的吸引会变吗？

有研究表明，一个成年人在结婚前平均会经历 3.8 次恋爱关系。在茫茫人海中，大家相遇，相互吸引和磨合，结成伴侣，这个过程十分不易，但这一切都开始于人与人之间那种奇妙的吸引力。而有时候，那个一开始吸引你的人却在后来变成了你讨厌的样子，那么他起初对你的吸引都是假的吗？

从一日三秋到两看相厌：他对我的吸引会变吗

来访者 A 先生与女朋友已经交往四年了，在外人眼中，两人是一对神仙眷侣。但现在 A 先生越来越无法忍受女朋友，想要结束这段感情。当问到 A 先生当初为什么会被女朋友吸引，他提到，两人是在大学社团中认识的，那时候的女朋友性格温和、品学兼优，虽然长相不是那种耀眼的漂亮，但也是个清秀佳人。在一次团体活动中，A 先生发现这个女生竟然跟他喜欢同一个小众乐队，立刻对她心生好感，两人因此交流了很多想法，并惊喜地意识到他们之间有那么多契合的地方，两人成了相谈甚欢的朋友。在之后的相处中，A 先生无论说什么，女生都可以接上，而且毫无压迫感，这种温柔体贴越发让 A 先生感到了相处的舒适，并且越来越被她吸引。在 A 先生的眼中，她闪闪发光。等到 A 先生偶然从朋友那里听说这个女生也喜欢他的时候，A 先生明确感受到了自己猛烈的心跳，并决定主动表白。表白后，两人顺利成了恋人，并度过了很长一段甜蜜的时光。但渐渐地，A 先生觉得女朋友做事温暾，时不时就因为很小的事情挑剔他，甚至会朝他发脾气。A 先生逐渐无法忍受女朋友，觉得她强势、要求高，想要结束这段曾经美好的爱情。

在咨询室里，A 先生深感困惑："明明我们刚认识的时候，我那么喜欢她，满心满眼都是她的闪光点，为什么现在我们会常常陷入争吵，她变得一点都不温柔，甚至成了我最讨厌的样子，难道她对我的吸引都是假的吗？"

我们经常会对自己当初心动的理由产生怀疑，于是我们不禁要思考这样的问题：当我们爱上对方的时候，到底是什么在吸引我们？我们在亲密关系中究竟需要的是什么？

我为什么喜欢你：吸引力的四大原则

倘若我们去采访那些正处于热恋中的人，询问他们被对方吸引的经历，会发现或许每个人的理由都不尽相同。这种情况让"被吸引"蒙上一层略显奇幻的面纱，更让那些渴望进入一段关系的人感到迷茫。吸引究竟如何发生，又为何在某些时刻难以发生？下面我们就给出一些心理学方面的回答。

1. 相似性原则

俗话说："物以类聚，人以群分。"人际吸引的第一原则，便是相似性原则。许多人在寻找伴侣时都会强调三观相合，这就是相似性原则的最佳体现。著名社会心理学家弗里茨·海德（Fritz Heider）曾提出一个精妙的"平衡理论"，对该原则做出了精彩的诠释：他认为，人们自发地想要在人际关系中寻求一种平衡状态，否则就会产生焦虑和压力。而达到平衡的重要途径，就是关系双方对同样的事物抱有相似的态度。就像A先生和女朋友一开始的相互吸引一样，拥有共同爱好的人总是容易一拍即合，而对某些重要观点的分歧则可以轻易让人产生对彼此的厌恶感。

在一个更深刻的层面上，这和自我价值感有关。我们总是通过认可自己的重要特质来建立自我价值感。倘若对方拥有和自己相似的某种特质，那么我们就可以通过认可对方的这一特质来维护我们的自尊。不过必须指明的是，对于那些自我价值感较低的人来说，有时这也会表现为去认可某种自己并不具备但十分渴望的特质。

2. 互惠性原则

人际吸引的第二原则是互惠性原则。这里的互惠指的不是物质层面的互送礼物——尽管送出一个精心准备的礼物确实可能增加对方对你的好感。但我们想强调的是，人际关系中，人们总是容易被那些喜欢自己的人吸引。换言之，我们对对方的吸引，最终也会引发对方对我们的吸引。心理学家曾试图用实验验证这一点：他们邀请一些女大学生浏览一些陌生异性的资料，并告知她们对方在之前就已经看过她们的信息，然后告诉她们在这些异性中，有些很喜欢她们，而有些则对她们不感兴趣，最后询问她们对这些异性的态度。结果完全符合上述原则，那些被声称喜欢这些女生的男性，也得到了女生更多的喜欢。正如案例中所呈现的那样，当A先生知道这个女生喜欢他的时候，他原本的心动就被放大了，并进一步促成了表白。

同样，从自我价值感的层面，我们会发现被喜欢本身就是一种对自己的强烈肯定。事实上，现实中不存在自我价值感无懈可击的人。或多或少地，得到他人的喜欢都是一种积极的体验，让人们得以意识到自己究竟在他人眼中有多么重要。

3. 外表吸引力原则

人际吸引的第三原则，就是外表吸引力原则。曾有这样一句话在网络上一度流传甚广："一见钟情，钟的不是情，是脸。"事实上，从心理学研究的角度来看，这句话绝非一句玩笑。大量研究证据表明，在很大程度上可以通过外表预测初次见面时的吸引力。然而外表这一概念，既包括面部特征，也包括身材。那么究竟是哪一部分起了关键的作用呢？本着严谨的原则，心理学家同样用实验对此进行了研究：实验要求 250 名年轻男女想象自己是单身，并赋予他们一定的虚拟资产，用以"设计"一个理想的伴侣，而且他们可以自由地将这些虚拟资产分配到这个理想伴侣身体的各个方面。结果发现，无论男女都会倾向于将更多资产分配到对方的面部特征而非身材上。不过有趣的是，当得到的虚拟资产较少时——现实生活中在婚恋市场竞争力较低时，男性会变得更加看重身材。相比之下，女性则表现得始终如一，英俊的面庞对她们来说总是更加重要。

4. 安全感原则

人际吸引的第四原则是安全感原则。根据心理动力学理论，我们每个人通过成长过程中的重要人际关系（最典型的如亲子关系），学会了一套相对稳定的关系模式。这种关系模式逐渐演变成个体创造和维护亲密关系的能力，而人们又总是倾向于喜欢那些能提供安全感的个体。举例而言，一个在童年期缺少父母关爱的孩子，可能会认为自己是不值得被喜欢的，进而认为人生在世一切都要靠自己。从心理学的角度出发，我们认为这就形成了回避的依恋风格。如果一个人小时候受到的照顾不稳定、不规则，比如父母前一天对他特别好，第二天就突然去出差，那么这个孩子在长大后，就会既渴望亲密关系，又害怕被抛弃，表现出来的是想依赖又抗拒的状态，这就是矛盾型依恋风格。而倘若一个人从小得到了周围人充分的照顾和喜爱，则可能会认为这个世界是美好的，他人是值得自己去信任的，这便是所谓的安全型依恋风格。

从心理学的角度来看，以上四个原则——相似性原则、互惠性原则、外表吸引力原则、安全感原则，常常可以用来解释人与人之间相互吸引的原因。

你怎么变成了我最讨厌的样子：可能是投射性认同在作祟

一对稳定又幸福的情侣，通常能够给予彼此可靠的安全感。如果缺乏安全感，人们可能会在交往过程中出现“投射性认同”的现象，这也是心理动力学的一个重要概念。投射性认同可能会导致一种“强迫性重复”，比如有家暴经历的孩子会再次遇到一个家暴的丈夫，或者明明最初吸引你的是这个人的开朗阳光，但在交往过程中，你慢慢将其“培养”出了抑郁的特质，而回溯过往，你会惊讶地发现你的历任男朋友竟然都有抑郁的特质。

“投射性认同”最早由梅兰妮·克莱因（Melanie Klein）提出，是个体在幻想中将自己的一部分投射到客体对象，诱使客体以一种被限定的方式去行为或反应的人际行为模式，在亲密关系中往往表现为一个人对另外一个人的操控。但这是两个人不自知的潜意识的行为，会在平时的言语、动作甚至眼神上表露出来。而且投射者常常呈现为过度的指责，即使对方没有出现任何问题，投射者也会挑出毛病。在A先生咨询过程中，他提到了与母亲的关系。A先生有个强势的母亲，他从小就经受着母亲对他的批评和指责，所以他潜意识里无比害怕和抗拒自己的“无能”，在遇到优秀又温和的女朋友后，他就将自己的这部分投射到了女朋友身上，即使女朋友很能干，他也会从各种小事中挑剔出女朋友的错误，并数落她无能。但其实，他是借此以一种“更为安全”的方式来攻击自己“无能”的那部分。女朋友在这种影响下，越来越小心翼翼地做事，越发追求完美，并最终习得了 A 先生的方式，也用指责和挑剔的态度对待他。这时候，A 先生再次感受到了如他妈妈那样对他的批评，无能又一次笼罩了他，这就导致他迫切想要逃离这段关系，也让女朋友从一个温和的姑娘变成了他最讨厌的强势的样子。

从心理学角度看，投射性认同有四种常见的类型——依赖型投射认同、迎合型投射认同、权力型投射认同、情欲型投射认同。

依赖型投射认同：投射者是可以自己独立处理问题的，但是在恋爱中，往往以弱小无助的方式和对方交往，投射出去的信息是“没有你，我就活不下去，你必须帮助我，否则就是不爱我”。投射者通常会表现出焦虑不安、缺乏安全感、依赖甚至纠缠的行为，被投射者会时时刻刻挂念着对方，最终感到来自对方的压力、控制和榨取感。

迎合型投射认同：投射者在和对方交往时，会喜欢讨好对方、迎合对方，通常竭力诱导他人身上的内疚和感激之情，从而实现自己的成就和拯救欲望。投射出去的信息是“我为你付出了那么多，牺牲了那么多，你也要对我好，否则就是白眼狼、不爱我”。其背后是对被抛弃的焦虑。

权力型投射认同：投射者通常对自己的能力很自信，希望对方顺从、认可自己，并按照自己的意愿做事。投射出去的信息是“我这么厉害，还对你好，你凡事都得听我的，否则你就是不爱我”。被投射对象会身不由己地感到自己是无能的，从而怀疑自我价值。

情欲型投射认同：投射者会用性来建立关系，利用自己的性魅力去吸引对方，投射出去的信息是“我这么有魅力，所以你必须对我好”，从而让对方认同自己的性魅力，并满足自己的需求。

如何吸引对方并一直保持“情人眼里出西施”

上述内容带大家了解了心理学角度上人际吸引的四个原则，以及投射性认同的原理，而更重要的是如何运用这些原则和原理对现实生活进行指导。我们应该如何吸引自己喜欢的人，或者如何寻找那些可能会喜欢我们的人呢？我们又应该如何维持对彼此的吸引呢？

1. 实践四大吸引力原则

首先，根据相似性原则，我们应该寻求那些志同道合的人作为潜在的伴侣。诚然，人与人不可能处处相同，但至少在关键的兴趣爱好和重要的人生观点上，两个人总是越相似越好。有些人总是迷信亲密关系中的互补论，认为互补比相似更重要。互补意味着差异，意见不合可能就会引发争吵。如果不争吵，也可能是因为关系不平等，总是有一方没机会表达自己的意见。

其次，根据互惠性原则，我们在亲密关系中不应该吝惜对对方的赞美。我们的文化中，常常要求我们保持谦虚，也让我们不习惯真诚地表达。然而扪心自问一下，谁不喜欢他人对自己发自内心的赞美呢？心理咨询中，咨询师对来访者最重要的态度之一就是真诚。在应用互惠性原则的时候，也请务必把真诚作为第一要义。

外表吸引力原则看起来似乎缺乏些许操作性，但实际上，除了表面的面部修饰和运动健身之外，更重要的是深层的气质影响。很多人之所以让人眼前一亮，他们自信的笑容、礼貌的举止或许才是关键，当我们能够落落大方地与人交往时，吸引力就自然提升了。

最后，安全感原则提示我们要努力学习如何面对亲密关系，如何让关系中的彼此都能感受到充分的安全感。根据传统心理学理论，依恋风格和客体关系很大程度上取决于早期的成长经历，后天难以改变。这就要求我们充分发挥自我觉察的力量，去反思自己在亲密关系中的行为，觉察那些一闪而过的情绪。

2. 合理应对投射性认同

吸引只是第一步，想要一直“情人眼里出西施”，就需要我们对亲密关系中的投射性认同敏感察觉。一旦发现，我们可以怎么做呢？

如果你是被投射对象，那么最直接的办法就是与对方进行深度沟通，不要再互相猜测。日常交流也要敞开心扉，直接诉说需求，及时给予反馈。这样，才能明确对方内心深处的不安全感来自哪里，更好地理解对方。如果你本身很容易受到暗示影响并时常产生自我怀疑，那么可以询问信任的家人和朋友的看法，在他们的帮助下梳理自己的真实感受，远离操控，找回自我。

如果你是投射者，不要试图控制对方，要看到对方的真实存在；否则，那个原本吸引你的人会不知不觉地变得面目全非。自我投射包括情感投射和愿望投射。情感投射是指认为别人与自己的好恶相同。愿望投射是指把自己的主观愿望投射于他人，认为他人也如自己所期望的那样，把希望当成了现实。

当我们把自身对于伴侣的需求投射到对方身上时，就会有所期待。一旦对方满足不了这种期待，可能就会更想改造对方，让他变成自己幻想中的样子。若无法改造成功，他无法变成自己理想中的样子，可能就会觉得对方没那么有吸引力了。

因此，我们不能只看到他身上的优点，而忽略他的缺点。长久而稳固的吸引，不只是因为他的好，还因为彼此可以接纳对方不理想和不完美的一面。自我投射的不当运用，会使我们无法清楚地看到真实的对方，也无法真正地尊重对方。失去了真实和尊重，亲密关系便会变得岌岌可危。想要在亲密关系中获得内心真正的“安全感”，就要认真经营这段感情，在日常产生矛盾时，通过沟通，理解接纳彼此，抛弃“想赢”的想法，相互支持，共同成长，这样才能打造一个真正的安全的亲密港湾。

被吸引不仅涉及感性，还涉及理性

人们更容易被与自己相似的人、喜欢自己的人、长得好看的人并且能够给自己安全感的人吸引。对两性来说，最有力的吸引力预测指标是伴侣的外表。吸引力的产生有诸多原则，但是有学者的研究发现，人们在人际中的吸引很难进行完全理性的分析评估。不过，人们总是会倾向于寻找在某种程度上与自己匹配的伴侣，也会寻找有责任心、外向性、亲和性高及情绪更加稳定的伴侣。这些特质的重要性会随着人们的感性波动，但是它们总会产生一定的吸引力并且可以用来预测长期的关系走向。

从心理动力学的视角来看，被吸引之后，如果想在后续的交往中，一直拥有“情人眼里出西施”的状态，就不要完全被感性支配，而是要保持一定的理性，避免让投射性认同把那个你眼中耀眼的人变得黯淡无光。

学点心理学

【投射性认同】

投射性认同最早由梅兰妮·克莱因提出，是一个人诱导他人以一种限定的方式行动或者做出反应。它源于一个人的内部关系模式（即当事人早年与重要抚养人之间的互动模式，这种模式会内化成为自体的一部分），并将之置于现实的人际关系领域中。

【依恋理论】

依恋理论最早由约翰·鲍尔比（John Bowlby）在20世纪五六十年代提出，安斯沃斯（Ainsworth）通过“陌生情境测验”将儿童的依恋关系划分为三种类型。后期梅因和所罗门提出了一种新的依恋类型——混乱/无法定向型依恋，也称D型依恋。

A 型（回避型）：与身边重要人物很难建立亲密和信任关系。

B 型（安全型）：与身边重要人物关系很亲密而且从来不担心被抛弃。

C 型（焦虑—矛盾型）：很想与身边重要人物亲近但又害怕被抛弃而不敢投入感情。

D 型（混乱 / 无法定向型）：A、B、C 三种类型的依恋行为复杂地结合。

第二节　先有性还是先有爱？

“先有鸡还是先有蛋”是著名的哲学问题，“先有性还是先有爱”则是著名的亲密关系问题。究竟性与爱哪个先来？这个问题的答案背后所体现的思维方式，会影响伴侣之间的相识相知，并且会对两人未来关系的发展产生深远的影响。下面我们就来谈谈性和爱的问题，究竟生理的爱和心理的爱谁先来？

他是爱我还是只想和我发生性关系

C 女士在最近一次的咨询中告诉我，她的心情很不好。最近她的男朋友到外地出差，两人上周见面时，对方说要仔细考虑他们之间的关系，这让她备感恐慌。咨询中了解到，C 女士和男朋友是在一次活动中偶然认识的，双方相处轻松愉快，再加上身体的欲望像磁铁般牵拉彼此，两人很快发生了性行为，并从春风一度延续成长期关系。慢慢地，她日久生情，喜欢上了对方，却感觉对方的态度令人捉摸不透。

C 女士从小就是一个很独立的人，因此她很少对男朋友提要求，不论是工作中遇到了挫折，还是生活中出现了麻烦，C 女士基本都是自己解决。她喜欢逛街和旅游，但是空闲时间也不曾让对方陪她一起出门。男朋友也很专注于自己的事业，两人外出约会的时间很少，周末更多的是待在一起看电视。C 女士感觉两人目前在一起的状态更像是聊得来的朋友，她在日常相处中获知对方喜欢的女生类型，并悄悄与此对照，但发现跟自己不太相符，因此感到难过自卑。她知道自己已经对对方产生了感情，进而很想和他走下去，执手相伴到老。但由于两个人的亲密关系从性开始，所以 C 女士一直对他们的关系感到不确定。上周男朋友的提议再一次让 C 女士感到恐慌，觉得对方在尝试离开她，只把她当作一个性伴侣，因此很痛苦。

性和爱的关系到底是怎样的

现实中有很多人，尤其是女性，不确定对方是因为性还是爱而和自己在一起，会担心对方只是想和自己发生性关系，而非真的爱自己，这反映的就是先有性还是先有爱的问题。对很多人而言，感情中应该先有爱，在爱的基础上，进一步有性，也有人认为先有性吸引，然后彼此了解，再产生爱情。性和爱是亲密关系中密不可分且无法避免的话题。性和爱，牵动着人们的心弦，也时不时让人们陷入困扰、忧伤和痛苦，难以释怀。

两个人会因为性和爱而结合发展为伴侣的现象，证明了性与爱的一体化，性与爱虽然是不同的需求，但在保持亲密关系的过程中，性和爱都是不可或缺的，是共同存在的（辩证法）。生理上的性和心理上的爱都会带来强烈的情感体验，在生活中我们能感受到爱人的性吸引，也能感受到陌生人的性吸引。为了得到合理的认知，我们需要从起源、生理、发展、性观念、心理动力学等不同的角度进行分析。

1. 起源：性和爱都是人类的需求

从起源上看，性是生物繁衍的基础。根据亚伯拉罕·马斯洛（Abraham H. Maslow）的需求层次理论：人的需求分为五个层次，由低到高依次是生理需求、安全需求、爱与归属需求、尊重需求和自我实现需求，在人的所有需求中，生理的需求是最基本的需求。食物、水分、空气、睡眠和性的需求，在人的所有需求中是最重要也是最有力量的。人的需求是由低级向高级不断发展的，人类动机的发展和需求的满足有密切的关系。满足了生理需求后，人们会依次满足安全、爱与归属、尊重和自我实现的需求。在从动物到人的种系进化过程中，高级需求出现得较晚。在个体发展过程中，高级需求也出现得较晚。由此可见，性需求是一种基本的需求。它最初的目的是繁衍后代，体现了两性之间的合作，随着夫妻双方共同抚养孩子，形成了较为稳固的家庭组合，过程中逐渐加入了情感的成分。

随着人类的不断进化以及社会的不断发展，性的需求越来越远离原始的生殖意义，人们开始追求爱的需求，通过性吸引来促进爱情的产生，进而使性和爱的一体化变得更加牢固。此外，性可以提高幸福感，这种联系在爱情中最为强烈。研究表明，性生活频率和幸福的重要指标（如生活满意度、积极情绪、心境）之间的桥梁是情感，这种情感是一种积极面向他人的、涉及关心和关怀的情感，这种情感更多的是以爱为导向，而不是单纯地以欲望为导向。由此可见，性和爱在亲密关系中是密不可分的，两者缺一不可。

2. 生理：性和爱都带来“幸福激素”

从生理上看，两性具有不同的生殖器官，同时人类的身体有性腺，可以分泌性激素，人在性兴奋或性高潮时，大脑会分泌多巴胺。而爱相对而言只是一种描述，并没有相应的器官能够直接代表爱，它通常反映的是一种感觉。相关的多巴胺释放加强了对浪漫爱情的追求，同时体现在性行为上。比如，当一个人对另一个人有好感时，通常会产生心跳加速的感觉，这时他会释放多巴胺、去甲肾上腺素和苯乙胺，美国生物人类学家海伦·费舍尔（Helen Fisher）认为，去甲肾上腺素和多巴胺能共同产生强烈的能量，让人兴奋、渴望，想要靠近对方，并产生性冲动。这种人类的本能反应表明性和爱是一体的，都受到人体和大脑中的腺体和化学物质的驱动，而在雌激素和睾丸激素等产生的性欲作用下，人类的爱情有机会就此开启。案例中的 C 女士表示，她和男朋友第一次见面时彼此就互有好感，并很快有了性行为，这之后，C 女士对对方产生了爱的情感，这个过程就是性和爱一体化的过程。

3. 发展视角：性和爱在不同的年龄阶段作用的比例不同

从发展的角度看，个体在青春期时，体内的雌激素和睾丸激素首次活跃起来，从而产生体验“爱情”的欲望，这种欲望是基于性而产生的，可以称之为性欲。犹他大学心理学家莉萨·戴蒙德（Lisa Diamond）指出，性欲以性交为目的，爱情则是因联结的需要而存在。爱是持久的，性吸引的感觉会很快消退，爱却不会。不过，性欲的有无会影响人们对爱情关系的知觉。帕梅拉·里根（Pamela Reagan）的研究发现，与性欲较弱时相比，当情侣彼此性欲较强时，他们会认为彼此是更为相爱、幸福的，即性欲本身会反映出人们的爱情状态，人们会认为相爱的人彼此应该有着强烈的性欲。随着夫妻双方变得熟悉，新奇的兴奋消失殆尽，伴侣之间感受到的激情会减少，由此可见，年轻人的亲密关系得以维系的部分原因是有充满激情的性生活，而随着年龄的增长和时光的流逝，伴侣会将性欲的减少视为激情衰退的信号，此时维持伴侣情感的便是细水长流的爱情。从进化的角度来看，爱情是一种动力，一种强大而持久的动力，爱情能够激发我们的注意力，而且不会轻易消失。因为有爱，伴侣才能长相厮守。

4. 性观念：性别差异会影响个体对性和爱的态度

从性观念的角度而言，在社会文化的影响下，男性和女性在性观念上存在一定的差异。从平均水平看，男性在性的价值取向和态度体验上更为宽容。比如在对待未婚性行为的态度上，相比女性，男性更容易接受没有爱情的性，这会影响两性对过去性行为的态度。有研究发现，女性对于发生一夜情的行为可能更容易后悔，而男性则可能更后悔过去有人追求自己时，没有与之发生性行为。同时，性关系是否伴随爱意和承诺也影响伴侣之间的体验和关系。研究表明，如果第一次发生性行为时，伴侣明确表达出爱意和承诺，那么对方往往会把性看作关系的积极发展，并能增加彼此的亲密度和感情。如案例提到，C 女士在和对方发生性关系后，对方一直没有给出承诺，也不曾明确表达爱意，这让 C 女士深陷痛苦，感觉无能为力。

5. 心理动力学：防御机制和依恋模式也会影响个体对性和爱的需要

以上是从普遍性的角度来分析性与爱的一体化，但从特殊性来看，每个人对性或爱的需要都是存在差异的，这可能与个人的防御习惯或童年经历有关。

从心理动力学的视角入手，有的人在面对现实的压力时，会产生强烈的性欲，选择采用性行为来排解不安。这种状态在外人看来，就是“此人注重性多于爱”，其实这可能是他的性欲化防御机制在起作用。防御机制是精神分析理论中的一个核心概念，是个体的“自我”在受到威胁时，为了缓解焦虑、处理非期望的想法和欲望而采取的方法。性欲化是防御方式的一种，是人们经由潜意识，将恐惧、痛苦或其他难以接受的感受转换为性兴奋，并作为一种应对方式来控制焦虑、维持自尊、弥补羞愧或回避死亡恐惧等。

心理动力学认为孩童时期的经历对成年期人格形成有重要影响。有的人由于童年没能从父母那里获得充分的照顾和爱，长大后就迫切需要一个能够照顾和关怀他的人，相比于性，他可能更看重“被爱”的感觉。这就是儿时不安全的依恋模式影响了成年的亲密关系。经过咨询，C 女士坦言她从小就被教育要独立自主，父母长期在外打工，很少和她见面，她每次感受到“被爱”的时间都很短暂。所以成年之后，她潜意识里希望伴侣能够一直陪伴她、关爱她，但这种欲望由于在童年时期没能得到正向的反馈，所以就被自身的防御机制压抑进了潜意识里。怕失望因此不期望，这导致她日常习惯于独自处理生活问题，而不向伴侣表达或求助，因此，伴侣也就不知道她的真实情感和需要。

在亲密关系中，性和爱都是不可或缺的，各自所需的比例却因人而异。我们需要在成长和交往的过程中探索自我，了解自己真实的需求和心理状态，与伴侣进行磨合和沟通，而不要进行刻板的划定。

如何协调性和爱实现身心交融

在亲密关系中，性和爱之间的不统一或不和谐时常会困扰着我们。有哪些方法可以让伴侣双方能更好地协调性和爱之间的关系，达到身心交融的契合状态呢?

1. 建立真正的爱的能力

在电影《羞耻》（*Shame*）中，主角布兰登是一个性瘾者，几乎每天都会和不同的女人发生一夜情。布兰登通过性获得身体上的快感，在精神上却感到空洞麻木、孤独寂寞。布兰登没有爱人，因为他担心对方可能会发现他其实没那么有能力，可能会因为他移民的身份而嫌弃他，有太多的可能性会造成更多的流言蜚语，于是他舍弃了爱。但当布兰登与喜欢的人交往后，他愿意去尝试爱，却因为过度纵欲而疲乏，无法去爱。布兰登能和各种陌生的女人宣泄欲望，但对于他真正喜欢的女人却无能为力，这使得他的内心极其痛苦。由此可见，在关系中建立爱的能力是非常重要的。案例中的C女士在关系中由于不自信，产生了自我压抑的倾向，虽然对对方有情感，但因为担心自己不够优秀，而不敢大胆表达和追求。通过咨询，C女士开始正视自己真实的内心，去接受爱和成长。

2. 进行互动和支持

在亲密关系中，性和爱满足了彼此不同或相同的需要，人们探索、体验、享受性和爱带来的感受，并形成一种关系上的联结，随着关系的密切，要求、希望、责任等也逐步附加到其中。伴随着生理上激情的消退，最初的性吸引随着时间而慢慢退却，此时爱的存在对保持关系的重要性愈发显现。有爱的关系能让彼此乐于付出、计划未来。在一段关系中，牺牲的意愿与承诺和投入的水平有关。这种关系更贴近爱，而不是性吸引，它显示了对未来的计划和对他人的关心，以及对他人需求的优先排序。

在上述 C 女士的亲密关系中，她和对方在性上都可以享受到快感，但离开性，她还需要爱和安全感。如果对方不在她身边，她便觉得这段关系没有延伸和联结感，她有和对方逛街和旅行的需求，但她没有提出，遇到事情都是自己解决，两人的关系主要以欲望为导向，很少涉及关怀，而且在谈到未来时，双方没有一致的目标，对方没有给到她一定的支持，因此双方的关系随时有分离的可能和危险。

所以，在关系中，双方要多进行有效沟通，增进了解，在此基础之上要给予对方支持。除了性之外，日常更多的交流和互动才是关系升温的关键。

3. 促进身心的契合

另一部电影《肉与灵》（*On Body and Soul*）讲述了一个身体和灵魂契合的故事。安德是一家屠宰场的财务总监，没有朋友，习惯一个人吃饭一个人居住，后来屠宰场新来了质检员玛丽亚，玛丽亚性情孤僻，有人际交流障碍和强迫症。在一次工作中，安德发现自己和玛丽亚彼此做的梦是一样的，玛丽亚对此很重视，每天都会问安德，昨晚做了什么梦。通过梦的联结，安德和玛丽亚的灵魂互相吸引，并在现实生活中克服障碍，让身体接近。玛丽亚之前害怕与别人有肢体上的接触，爱上了安德后，玛丽亚开始尝试触碰安德的皮肤，最后两人顺利实现身心的双重结合。案例中的 C 女士在和对方发生性关系之后，始终没有和对方有精神上的接触，身体和灵魂是分离的，因此她无法和对方有进一步的发展。通过咨询，C 女士和对方进行了积极的沟通和交流，了解彼此的目标和近期的规划，并有了更多的现实互动，这让他们的关系又向前走了一步。

了解你自己才能更好地让爱与性契合

有时候，我们对亲密关系的不确定不一定是因为性或爱的欠缺，可能是因为每个人对于性与爱的需求都是不一样的，个体所能给出的性或爱的质与量也就产生了差异。当彼此的供需不匹配时，双方的关系就会产生不确定感。每个人对亲密关系的需求往往与我们的自身经历有关。因此，要深入了解你自己，是不是某些防御方式或童年经历让你对性或爱的渴求强于或弱于大多数人？从心理动力学的角度去认识这种内在的欲望，探索它，正视它，接纳它，坦诚地和伴侣进行沟通，让它以一种更具适应性的、更被社会认可的方式表现出来。不要对自己的防御机制感到恐慌和排斥，所有的防御机制本质上都很难简单地评定好坏，只有了解具体情境中的内容和后果，才能判断这种防御是不是合理的、适合的，是属于常规反应还是病态反应。如果发现防御得不恰当，给自己和他人带来了痛苦，那就寻找专业的心理咨询师来获得相应的帮助。比如案例中的 C 女士，由于童年的经历，她的常用防御机制表现为压抑，在咨询师的帮助下，她逐渐向内自我探索，了解自己真实的想法，发现了现状的缘由，看到了这段亲密关系中的自我防御。最后对症下药，真诚又勇敢地去和伴侣沟通，表达出内心深处的情感和需求，实现了自我成长。

伴侣之间，性和爱是关系的开始和起点，性吸引可以让人们产生开始一段关系的愿望，爱的意愿可以增加人们的开放性，分享他们的感受，为彼此付出，进行关怀和交流。在亲密关系中，双方都相信他们有相似的目标，渴望开放的交流，想要把彼此的生活融为一体，这些面向未来的特点意味着他们有一个长期关系的基础。性和爱彼此交融，感情也会更长久。

学点心理学

【防御机制】

防御机制是心理动力学中的一个核心概念，是个体的“自我”在受到威胁时，为了缓解焦虑、处理非期望的想法和欲望而采取的应对方法，种类繁多，也被广泛地应用于我们的日常生活中。下面列举几种常见的防御机制（见表 1-1），以供大家了解，但现实情况是复杂多变的，不要刻板对应。

表 1-1　常见防御机制类型

防御机制	具体描述	举例
压抑	能激起焦虑或痛苦的某种观念、情感或认知被排出意识之外，是潜意识地遗忘或忽略	无法回忆起特定的恐怖及危险事件的经过
否认	拒绝承认负性体验的存在	明明身体不适但否认自己不佳的健康状况
置换	将对一个人的某种感受转移到另外的人或事物上，因为若将感受施加于前者，会引发焦虑	在公司因被上司训斥而生气，回家对伴侣发脾气
合理化	用一种自己能接受的借口来替代自己行为的真实动机或理由	吃不到葡萄说葡萄酸
投射	把自己内心不被允许的态度和行为推到别人身上	自己是个很吝啬的人却说别人抠门
反向形成	为了隐藏某种冲动而采取与此相反的行为	不能接受自己吝啬，就表现得极为慷慨大方
情感隔离	从意识的觉察中移除了对情感的感觉（不知道自己正在这样做）	警察隔离开自己对罪犯的强烈愤怒，以平稳的态度去分析线索
升华	将自己本能的冲动或欲望转换到健康的、易于被社会接受的行为中去	律师把攻击的冲动升华为辩护

第三节　出轨的真相

自古以来，提到婚姻的不幸，话题似乎都避不开“出轨”。人们在婚礼上信誓旦旦地念出忠贞不渝的誓言，抱着对未来美好的憧憬步入婚姻，却在后来的生活里意外发现伴侣的不忠。当这个巨大的婚姻冲击猛然袭来时，人们在痛苦之余也充满了疑惑——我们不是过得很稳定、很幸福吗，你为什么还会出轨？下面从进化和心理的角度探究人们出轨的原因。

家庭幸福的人也会出轨吗?

来访者 A 女士，37 岁，因为自己隐秘的出轨行为找到我。A 自小就是个乖巧的优等生，从小到大的生活一直符合父母的要求和期待。她小时候曾有一个音乐梦，但这个愿望直接被父母以不务正业为由拒绝了，她也只能短暂地闹了下脾气之后听父母的话去好好上学。大学毕业以后，她通过相亲认识了现在的丈夫，丈夫是个勤劳肯干的男人，对 A 女士呵护有加，恋爱期间每天都接送她上下班，对她嘘寒问暖。A 在这种体贴中感受到浓浓的幸福，于是两人顺利结婚。

很快，A 怀孕了，全家人都期待着这个小生命的到来，此时正值丈夫事业的上升期，所以夫妻俩郑重地讨论后，A 决定放弃创业的想法，在家相夫教子。这样的生活和 A 曾经对于自己未来的期待不太相符，一开始 A 并不适应，但 A 依旧在这个过程中努力去做一个好妻子、好妈妈。丈夫事业有成后愈发忙碌，两个人已经很久没有一起出去看过电影了，丈夫不再能像过去一样时刻给予爱护，有时会忽视 A 情绪上的变化。但好在丈夫体贴她的辛苦，每次出差回来都会给她带昂贵的礼物。再加上女儿可爱懂事，总体来说，在外人眼中，A 无疑拥有一个幸福的家庭。

正如“城外的人想进去，城里的人想出来”那样，外人眼中的幸福安稳反而是困住 A 女士的枷锁，十多年一成不变的家庭生活让她逐渐感受到了精神上的乏味。A 本来觉得未来的生活会一直这样，直到女儿的油画老师——一个浪漫不羁的艺术家闯入了她的生活。他是一个跟 A 女士的生活圈子完全不同的人，他的性格也与丈夫完全不同，丈夫沉稳冷静，而他自由热情。反观 A 女士，她从小到大都过着循规蹈矩的生活，在身边人的期待下，她选择过上安稳的、符合他们幸福标准的相夫教子的生活，而对于自由和浪漫的追求始终被她牢牢压抑在内心深处。当遇到自由不羁的油画老师时，A 女士在他身上看到了自己一直渴望却没能实现的欲望，长年稳定的生活也让 A 内心深处想要向外寻求冒险，于是 A 情不自禁地爱上了这位油画老师，但囿于伦理道德，她始终不敢表露自己的感情。直至在一次 A 女士与油画老师的交流中，油画老师对 A 的艺术表达大加称赞，并且表达出他对 A 的欣赏。相比之下,A 的丈夫因与 A 结婚多年，早已不会对 A 表露赞美，而且 A 在内心深处也渴望有一份自己的事业，希望个人能力可以被人肯定，而不仅是以母亲和妻子的身份被人羡慕。此时，油画老师对 A 艺术欣赏能力的称赞及对 A 个人的欣赏，让她仿佛找到了自身价值，无疑对她着有致命的诱惑力。A 再也抑制不住内心的欲望，与油画老师发生了性关系。

出轨之后,A 一方面在面对丈夫时感到羞愧，觉得自己不能这样做，对不起待她很好的丈夫，也时刻怕丈夫发现，但另一方面 A 又沉溺于与油画老师的爱情无法自拔。在这种内心的纠结中，A 走进了心理咨询室。

人类的基因导致出轨

我们都想远离出轨，但是在生活中，我们似乎总能看到它的存在。出轨在几乎所有已知的文化中广泛存在。历史资料表明，不忠现象普遍出现在古希腊、古罗马等文明中。对美国夫妇婚姻不忠比例的估计显示，女性为 26% ～ 70%，男性为 33% ～ 75%，比例差异取决于采用的调查方法、调查样本以及研究人员对不忠行为的定义。中国人民大学潘绥铭教授从 2000 年开始每 5 年进行一次全国范围随机抽样调查，调查已婚 / 同居的人有过外遇的比例。结果显示，这一比例正在快速升高。2000 年，男性出轨率为 11.8%，到 2015 年为 34.6%，增加了 2 倍多；女性出轨率 15 年间增加了 2 倍。虽然出轨在人类文明中广泛存在，但是在现有的文化当中，不忠行为都是不被认可的。

那么我们不禁要问，究竟是什么驱使人们做出这样的行为呢?

从进化的角度来看，物质资源极度匮乏的早期人类，尤其是男性，为了能够保证后代的存活，会选择更多的对象发生繁殖行为，这就是原初的群婚制度。因此，多伴侣的选择对早期进化过程中的人类繁衍起到了一定推动作用。直到人们意识到生育和养育的重要性，为了能把有限的食物提供给自己的后代，人们才渐渐由不固定性伴侣转变为固定性伴侣，而后才出现家庭的概念。进化过程中多伴侣倾向在“基因”中留下了印记。生物学家证实了“柯立芝效应”的存在，即每个雄性哺乳动物都会对单一的异性性伴侣感到乏味，当新的异性进入关系时，该雄性动物才会继续表现出高昂的性冲动。人类男性在性生活后也会经历不应期，俗称“贤者时刻”，无法马上和同一个女性再次发生性行为，但如果面对不同的女性，他们的不应期时间会缩短甚至完全消失。美国宾汉顿大学的一项研究发现，多巴胺的受体基因与人的滥情程度高度相关。而在对多巴胺受体基因进行溯源时，发现这种基因经过了变异，且在四五万年前的旧石器时代就已经出现。因此，出轨现象确实有进化过程中的基因基础，这也是出轨现象普遍存在的一个重要原因。

脑部结构也可能是不忠的诱因，我们的脑结构对出轨行为很是包容。费舍尔坚信，人类进化出了三种引导求偶和繁衍的基本脑系统：一种控制性欲，一种反射浪漫爱情，一种掌管深深依恋的情绪。这三种最基本的神经系统之间有互动（也会与其他脑组织勾连），产生大量灵活的组合，并酝酿一系列调控复杂的人类繁衍策略所必需的动力、感情和行为。可是，这三种脑系统之间的关联度并不总是很高。因此，一个人在对其伴侣表达深沉的爱慕时，还会对另一个人产生强烈的罗曼蒂克爱情，这还不算，同时他或她还可能对更多的对象萌发性冲动。“脚踏几条船”的情绪组合，在生物学上是可行的。但是，人不仅仅是动物，人还具有社会性，这三类神经系统之间相对的生物独立性使我们能够在行使一夫一妻制的同时，偷偷摸摸地搞地下情。

关于出轨更深层的心理原因

随着人类文明程度不断提高，我们不应该也无法用“出轨基因”来完全解释出轨现象。很多心理学家和社会学家都对出轨现象做过实证研究，巴塔（Barta）& 基恩（Kiene）在 2005 年以美国学生为样本，通过因素分析，将对伴侣不忠的原因分为四类，分别是不满、忽视、与其他个体发生性关系的欲望、愤怒与报复。在 2017 年塞尔特曼（Selterman）& 察佩拉斯（Tsapelas）的研究中，引发不忠的原因还包括缺乏爱、低自尊、自恋、自我厌恶和依恋焦虑等。

1.“死本能”的驱使

有的人出轨可能是潜意识想要破坏当前的稳定。精神分析学派的鼻祖弗洛伊德将人的本能分为两种：生本能和死本能。它们贯穿于人类生存的全过程，是人的基本本能。生本能是建设性的，让人们渴望发展、安全及一切向上的力量。死本能是破坏性的，让人们渴望毁灭、攻击。生本能与死本能相互交织同行。例如，吃东西是为了满足生本能，而吃这个行为中的咬、嚼、吞食又都是死本能的体现。放在婚姻当中，当充分满足了生本能，得到了足够持久稳定的安全及幸福，人们就会想要冒险。有的人会在事业或兴趣爱好里满足这种欲望，比如看恐怖片寻求精神刺激，而有的人会选择与性有关的冒险，因为它带来的是一种强烈的快乐。正如案例中的 A 女士，十多年一成不变的家庭生活让她逐渐感受到了精神上的乏味，外人眼中的幸福安稳反而成为她的枷锁，于是她选择了出轨，这是一种寻求毁灭与破坏的天性表现。

2. 在出轨对象身上见到了被压抑的自己

电影《七月与安生》里，两个女生截然不同却成了要好的朋友，是因为她们在彼此身上看到了自己被压抑的那部分。爱情和婚姻同样如此，A 女士从小到大都过着循规蹈矩的生活，她儿时想要学音乐的愿望被父母扼杀了，毕业后原本打算自己创业，但在丈夫和父母的期待下，她还是选择过上安稳的、符合他们幸福标准的相夫教子的生活，而对于自由和浪漫的追求始终被她牢牢压抑在内心深处。当遇到自由不羁的油画老师时，A 女士在他身上看到了自己一直渴望却没能实现的欲望，于是她情不自禁地爱上了油画老师，这实际上是她把自体被压抑的那部分投射到了这个人身上，当她与其发生关系产生联结，就像是她变相地释放了欲望，获得了完整的自体。

3. 被忽视和缺乏爱

这是引发不忠行为的常见原因，它会影响人们对其婚姻的满意程度。如果这个人觉得自己的需求未得到满足，或者觉得伴侣不爱自己，不支持自己，那么这个人的出轨概率就会比较高。百无聊赖的人，很容易堕入婚外情。与配偶缺乏沟通，即使有也是积极的少消极的多，那么就会引发背叛。

老牌美剧《绝望主妇》中，女主之一加比是一个风华绝代的名模，嫁给商业精英卡洛斯之后成为美艳主妇。我们以为加比只是为钱所嫁，因此她的出轨让人毫不意外——寂寞主妇出轨了有着年轻肉体的大学生园丁。但当这段风流韵事东窗事发时，加比却哭着对卡洛斯说："自从嫁给你之后，你对我的心思就只是表现在各种昂贵的礼物上，我感受不到你的爱。"案例中的 A 女士就是在丈夫不能像过去一样时刻给予爱护时，选择出轨了对她欣赏、呵护的油画老师。由此可见，伴侣间的忽视、缺乏爱的表达，会让受到冷落的一方倾向于向外寻求安慰。

4. 低自尊

有的人出轨是因为觉得自己毫无价值，觉得世界上并没有人会真的爱他们。低自尊的人总是对生活缺乏一种安全感，通过出轨、拥有关系外伴侣的方式来证明自己是具有性吸引力的，而且他们需要持续不断地得到这种确认，因此可能会拥有不止一个出轨对象，或者持续处于出轨的状态中。案例中的 A 女士与丈夫已经结婚十多年，两人对彼此已经非常熟悉，赞扬和欣赏比起刚结婚的时候也已较少地表露。而且虽然丈夫对于她在家里的贡献持肯定态度，但 A 女士曾经有着不错的学历，且毕业后一度想要创业，她在内心深处也渴望有一份自己的事业，希望在艺术领域有所成就，希望个人能力可以被人肯定，而不仅仅是以母亲和妻子的身份被人羡慕。此时，油画老师对 A 艺术欣赏能力的称赞及对 A 个人的欣赏，让她仿佛找到了自身的价值，无疑对她有着致命的诱惑。

5. 不健康的自恋

心理动力学中的"自恋"和传统大众眼里的"自恋"不太一样，海因茨·科胡特（Heinz Kohut）认为每个人本质上都是自恋的。自恋是一种凭借胜任的经验而产生的真正的自我价值感，是一种认为自己值得被珍惜、被保护的真实感觉。也就是说，个体的适度自恋是健康的和被社会允许的，只有个体过度自恋并超出了社会对自恋允可的范围才是不健康的。

儿童的自恋表现是很夸张的，但是由于和他们的年龄相称，所以是正常的。当父母对这些夸大的自恋需求给予满足和认可，同时也给予一些非创伤性的、恰到好处的挫折，就会让儿童拥有健康的自恋，即自体的夸大性得到了驯服和修正，被整合为人格中健康的雄心和自尊。健康自恋在个体成年后就可以表现为创造性、幽默等。

具有不健康自恋的人，需要对自我重要性不断进行过度夸大，并预期自己能够得到超过常人的特权和优待，也需要持续获得高度关注。他们可能会出现“镜像移情”，即把别人变成自己的附属品，通过别人的回应来体验被关注的感觉。对于那些选择出轨的人来说，他们实际是通过吸引他人的程度、性伴侣的数量、出轨对象的外表和地位来证明自己的重要性，而不是真的被出轨对象吸引，而这都是因为早期夸大的自恋需求没有得到很好的发展。

6. 自我厌恶致使的“补偿”行为

有一些长期对自身感到不满意和厌恶却无法改变现状的人，会选择用出轨来弥补这种失落感。罗伯特・韦斯（Robert Weiss）在研究中发现，如果一个人长时间处于无聊、疲倦、过度工作、受人利用和操纵、觉得没有获得应得的东西的状态中，那么他可能需要寻找一些其他的事情来“补偿”自己生活的意义，比如出轨或者接受色情服务等。

“补偿”一词，首先出现于阿尔弗雷德・阿德勒（Alfred Adler）的心理学中。当个体因自身生理或心理上的缺陷致使目的不能达成而自卑时，改用其他方式来弥补这些缺陷，以减轻其焦虑和痛苦，这就是补偿。就作用而言，补偿可分为消极的补偿与积极的补偿。出轨就是一种消极的补偿，它对个体本身没有带来帮助，有时还会带来更严重的后果，比如婚姻的破裂和对孩子的伤害。

7. 依恋焦虑

罗素等人的研究表明，自己和伴侣的依恋焦虑会产生交互作用，并预测婚姻不忠的发生，即当他们或他们的伴侣在依恋焦虑水平高时，更有可能引发不忠。可能的解释是，依恋焦虑水平高的人更难以相信稳定可靠的依恋关系，为了弥补这种不安全感，他们可能会主动寻求更多的依恋关系。另外，他们又可能对伴侣猜忌和疑虑，在这种不信任的氛围之下，伴侣也可能不堪重负，出于愤怒或者报复而出轨。

当出轨袭来，我们可以怎么办

出轨可以轻易地毁灭一段稳定的亲密关系，当出轨事件真正发生在我们自己身上时，我们应当如何应对呢？

1. 坦诚。勇敢地正视出轨而不是否认它的存在。我们没有办法理想地改变现实，当我们否认现实的时候，只会陷入痛苦和埋怨中无法自拔。如果出轨的一方想要恢复被自己破坏的亲密关系，那么他们需要立刻停止出轨行为，并征得被伤害一方的同意，双方坦诚地进行沟通，而不是再次遮掩。被伤害的一方要学会保护好自己，并且不要被冲动的情绪左右决定，必须冷静下来，在了解全部信息后做出一个全面的判断，这段关系是否仍有继续的可能性和必要性。有时候，我们不仅要考虑情感因素，还要考虑现实状况，比如经济来源、对子女的照料程度、重新和另一个人磨合的成本等。只有面对问题，才能依据出轨背后的深层次原因来决定接下来的应对方式：是需要解决自己的低自尊问题，确认自己安全和被爱，还是需要改变自己的自恋型人格，消除那些不切实际的期望？

2. 以积极的眼光重新解释出轨事件，并把它作为促进个人成长的动力。事实上，大部分经历过不忠事件的伴侣最后还是会选择不分手，原谅是很多人遭遇背叛之后的选择。我们必须深入地思考背叛事件的始末，寻找问题的根源：究竟是什么诱发了出轨的行为？我们能否找到这个根源？能否提出可行的消除这个根源的方案？避免沉浸在情绪造成的自我伤害之中。背叛一定是有理由的，所以必须探讨背后的动机。俗话说“不破不立”，我们可以此为契机，开启深层次谈话，获得成长。

3. 寻求第三方支持。有条件的话，可以尝试寻找心理咨询师进行系统家庭治疗。或者，在双方都无法控制情绪的时候，寻找一个中立的第三方进行调解。有时候，我们没有办法做出一个恰当的决定可能是因为“只缘身在此山中”，当第三方从一个客观的视角对这段关系进行新解读的时候，可能会帮助我们意识到那些忽略的细节。

出轨不只是简单的道德问题。很多有出轨行为的人在日常生活中并没有表现出道德的缺失。然而，他们却做出了背叛的决定。选择背后的理由有千千万万个，我们要做的，不是找到朝三暮四、见异思迁的借口，而是找到隐藏的更深层的心理根源。可能是新鲜感、自由感、自主权或者弥补自身缺口的希望，也可能是在面对沉闷无聊的现实时试图重获活力的渴望和向往。总之，要看菜下碟，对症下药。

A 女士的出轨行为，是因为她感受到所谓的自由浪漫对她的强烈吸引，这实际上是行为和思维的灵活性。A 女士对循规蹈矩的自己感到厌倦，而灵活性的自由和浪漫是她多年来压抑着的对自己形象的渴望，所以她做出了背叛的行为。这是 A 女士经过思考后的决定。只是这个决定本身是带着逃避意味的，她无法轻易改变现实，也不愿意去投入过多的行为和心理资源去改变现实。所以，即使知道出轨行为会对她现实的幸福稳定的生活造成致命的冲击，她还是选择了这么做。

因此，当亲密关系出现问题时，需要做的不是用出轨来回避问题，而是要努力提高亲密关系的质量，通过沟通来确认彼此的需求，进一步进行关系的磨合和调整，不要让忽视、冷漠、不理解成为出轨的加速器。

学点心理学

【生本能、死本能】

“生本能”和“死本能”由弗洛伊德提出，生本能，可以理解为每个生命都有生存的本能，包括吃饭、喝水、睡觉、性等。死本能对外表现为嫉妒、攻击、毁灭、甚至是战争，对内表现出自责、自残、甚至是自杀。两种本能是人类两大基本本能，它们交织同行。

【自恋】

“自恋”的概念由科胡特进行了更新和拓展，他认为每个人本质上都是自恋的。自恋是一种凭借胜任的经验而产生的真正的自我价值感，是一种认为自己值得被珍惜、被保护的真实感觉，个体的适度的自恋是健康的。

【补偿】

“补偿”由阿德勒提出，它伴随自卑而产生。任何人都不可避免地出现不同程度的自卑或者某些自卑情结，当个体因自身生理或心理上的缺陷致使目的不能达成时，改以其他方式来弥补这些缺陷，以减轻其焦虑和痛苦，这就是补偿。

第四节　抱着寻找灵魂伴侣的期待步入婚姻对吗？

随着社会的不断发展，物质文明越来越发达，人们对精神生活的追求也愈加迫切。这一变化在婚姻领域中的表现为人们对找到爱的伴侣怀有越来越多的期待，由期待婚姻中的合作关系进阶到伴侣关系，甚而是灵魂伴侣的关系。有人内心怀有期待，也有人认为这不切实际。下面我们就有关灵魂伴侣的话题进行讨论。

结婚，离婚，再结婚，再离婚

L 女士初来咨询时，刚刚结束了她的第二段婚姻。当时的她无精打采，十分沮丧，婚姻的再次失败让她对自己、对婚姻和爱情都产生了强烈的怀疑。在咨询中，了解到 L 女士自身教育背景和经济条件都相当优越，本人也聪慧风趣，面容姣好，可以说是一位极富魅力的女性。也正因如此，L 女士特别不理解为什么两任前夫都不懂得欣赏和体贴她。她的第一任丈夫 Y 是她的大学同学，两人就读的大学位于北方 A 市，离 L 家较远。初入大学时，来自南方的 L 不太习惯 A 市的饮食、气候和语言，室友都是北方人，L 在 A 市也没有亲戚。土生土长的 A 市人 Y 为人诚恳踏实，在学校里十分照顾 L，为她占座、打水、打饭，经常带 L 去吃各种南方菜，还为 L 贴心购买加湿器以适应北方的干燥气候。和其他男生相比，Y 温柔体贴，没有任何不良嗜好，让 L 很快就适应了 A 市的生活。在 L 的眼中，Y 堪称完美恋人，于是毕业后，两人顺理成章地结婚了。

结婚五年，L 一直勤恳工作，渴望能在工作上有所成就，老板也器重她，让她负责几个重大项目，这使她工作更加忙碌，经常需要加班出差，Y 温柔顾家，对职业却没有太大的野心。L 逐渐发现最初“能照顾她”的丈夫并不能满足她的全部需求，丈夫虽仍然像大学时那般照顾她的起居饮食，但当她希望丈夫能在工作上给她一些指引的时候，丈夫并不能尽如她意，还劝她不要那么忙于工作。她开始觉得丈夫无趣木讷，认为丈夫不理解自己，甚至觉得自己当初做了一个错误的选择，她迫切想要找到一个能够和她思想上进行共振、给予她启发的人。这时的 L 女士遇见了后来成为她第二任丈夫的 K，L 女士说：“我的第一任丈夫，给不了我想要的，所以我提出了离婚。”离婚之后，L 女士和 K 的相处非常融洽，K 也是个十足的工作狂，对工作非常热爱，总能带给 L 灵感和启发，而且两个人在精神上也能产生共鸣。L 觉得 K

特别懂她，也特别像她，每天的生活对于L来说都是新奇并且充满期待的。L认为这才是她一直想要的生活，不像第一段婚姻那般枯燥和无趣。两人相识不久便结婚了。L女士认为自己终于找到了灵魂伴侣，然而仅仅过去两年，L女士的婚姻便出现了危机，两人都忙于工作，经常因为生活琐事产生矛盾。更糟的是，K是个急性子，并不会包容L的小脾气，认为L总是在无理取闹。两人最终也以离婚收场。在咨询中，L女士不禁质疑："世上真的会有灵魂伴侣吗？我是不是一开始就不该抱有这个期待？"

想要找到灵魂伴侣是不是奢望

下面我们就从L女士的问题入手：世上真的存在灵魂伴侣吗？我们应不应该抱着这样的期待步入婚姻？

纵观婚姻的发展历史，灵魂伴侣与婚姻的确没有太大的关联。在原始社会，婚姻是部落或国家之间达成的一种协议，用于增强联盟、偿还债务赔款或是提供繁殖资源等。因此，婚姻制度从诞生开始，就与政治、财产和繁衍后代相关。古代的人们通常也不会期望从婚姻中获得精神的共鸣或爱的体验。古希腊时期就普遍盛行同性之间的爱，比如苏格拉底就拥有年轻的同性伴侣，以传授道德规范、公民价值及生活和政治的智慧为主要交往内容。马西里奥·费奇诺（Marsilio Ficino）于15世纪用"灵魂伴侣"形容这种高尚的爱恋关系。柏拉图在《会饮篇》中描述了喜剧作家阿里斯托芬（Aristophanes）讲的神话故事，故事大意是：人类是神的后裔，原本每个人都是球形体，有着两套躯体结构：四只胳膊四条腿，还有两张脸。后来由于人类妄图挑战天神的权威和统治，被宙斯一劈两半以示惩罚，人就变成了只有一套躯体结构的生物，即每个人都变成了"半个人"，出于天生的不完整性，总是想要寻找自己的另一半。

虽然灵魂伴侣并没有一个统一、明确的定义，但我们可以将其归纳为以下几个特点：①彼此间有着莫名的、罕有的精神默契，能够给彼此带来深度的启发与灵感，促使对方思考和成长；②彼此间有深厚的情感依恋；③由于对方的存在，让自己感受到自身存在的完整性。

寻寻觅觅，还是没有觅得良人，到底为什么

我们总是希望能够和一个完美契合自己的人步入婚姻，但有的时候并不是我们没有遇到"灵魂伴侣"，而是不成熟的自恋让我们不断抛弃潜在的灵魂伴侣，转投入下一个的怀抱。我们常希望灵魂伴侣能满足自己心目中对伴侣的一切幻想，符合完美人设，有时会因为对方有一处不满足自己的预期就选择分开，转身寻找能满足这部分预期的下一个人。下面会从动力学流派中的自体心理学的角度来探讨这个问题。

1. 带着受惠或者施恩的态度相处，实际是在寻求自体客体的满足

"我都对他这么好了，为什么他还这么对我？"这是施恩心态的典型表达。施恩往往以"为对方好或对对方好"作为表现形式，同时对"对方按照自己的期待行事"抱有强烈的愿望。一旦对方脱离了这个愿望的轨道，施恩者就会感到巨大的失望。因此，施恩的心态实质上是在满足施恩者自己的自恋幻想。

受惠的心态同样妨碍亲密关系中两人心灵的贴近，"一味索要"显然是受惠心态驱使下的一种表现，我们也比较容易识别，但还有一种更为隐蔽的受惠心态，其以弱者的姿态呈现，从而来寻求对方更多的关心、安慰、帮助和支持。这种姿态实质上是重复了婴儿时期用"哭泣"获得抚育的模式。就像奥古斯丁在《忏悔录》中的形

容：那些“行动自由的大人们不顺从我，不服侍我，我便以啼哭作为报复”，以寻求自己的意愿得到满足。TVB 经典剧集《法证先锋3》中有一个案件，妻子为了让丈夫主动承担下杀人罪名，就用了示弱的方法，不断鼓吹丈夫的 Alpha male 人格（即某个群体中具有主导、强势地位的男性），让其承担更大的责任，从而达到自己脱罪的目的。

在上述例子中，不论是施恩者还是受惠者，都属于在关系里寻求自体客体满足的不成熟的自恋者。动力学流派中自体心理学的代表人物科胡特重新建构了自恋的含义，并提出了自体客体的概念。自恋是每个人都存在的一种凭借胜任的经验而产生的真正的自我价值感，是一种认为自己值得被珍惜、被保护的真实感觉。不成熟的自恋者会自恋性地体验他人，把他人当成自体客体，即自恋的人幻想对他人有着类似于成年人控制自己身体那样的控制，将他人用来为自体服务。

因此，施恩与受惠都带有强烈的目的性。这种目的性既可以是名利地位，也可以是虚荣、欲望和乐趣的满足，同时包含了“要求对方达到某种要求”的目的。L 女士的第一段婚姻就存在这个问题：大学期间，L 女士寻求被妥帖地照顾，步入职场之后，她又期待着对方能够给予她精神上的共鸣和指引。L 女士没有把丈夫看作独立的个体，而是自恋性地把他看作了自体的一部分，通过丈夫的体贴回应来满足自己被照顾被指引的需要，并希望对方能够一直满足自己的需求，当对方做不到时，也就是她的自体客体需求不能得到满足时，她就认定对方不是自己的灵魂伴侣。

2. 带着短暂欲望满足的目的

王尔德说：“生活中有两种悲剧，一种是没有得到我们想要的，另一种是得到了我们想要的。”这两种“悲剧”都是从欲望的角度出发，欲望因得不到满足而使人生变得悲惨，因得到满足而使人生变得无聊和空虚。心灵相通的爱不应是欲望满足带来的短暂享乐，而应是持久的愉悦，“占有”不是这种爱的目的。L 女士在短暂的时间里从第二任丈夫 K 那里获得了从没有过的精神共鸣，然而一时的激情迸发只是暂时满足了之前压抑的欲望，强烈的满足感冲昏了她的头脑。另外，这种对第二任丈夫精神共振的看重也体现出她自恋上的“孪生移情”。科胡特界定了自体客体移情的三种基本类型：镜像移情、理想化移情和孪生移情。孪生移情不是指视觉上的相似，而是指在彼此的关系中“对方有如自己”，认为对方的感受和自己的一致。所以 L 女士对第二任丈夫着迷的原因在于她觉得对方像另一个自己，这种自恋所带来的感受再一次让她觉得寻觅到真正的灵魂伴侣，于是冲动地迈进了这段婚姻。L 女士在后来也承认第二段婚姻过于草率，忽略了很多重要的东西。

3. 带着价值判断，带着比较的意味

自恋的人最常用的防御方式是理想化和贬低，他们会把自尊的感觉转嫁他人，将伴侣、朋友等视作完美的人，再通过认同这个人来体验自我膨胀的感觉。比如 L 女士在婚姻前期会觉得“我的丈夫是一个这么优秀的人，而我是他的妻子，这太棒了！”她会将丈夫理想化，然后在发现他的缺陷后一棒打死，对其进行贬低。同时，在她转身投入第二任丈夫 K 的怀抱时，也会对 K 理想化，觉得他拥有无穷的魅力，并且在比较下，对第一任丈夫 Y 进行贬低，曾经让她心动的体贴在这时变成了木讷和无趣。L 女士总是喜欢从自己的角度出发，评判别人的是非对错，将自己的价值观视为坚不可破。她也经常将两任丈夫进行比较，或者将他们和她认识的其他人或者电影角色进行比较。然而，灵魂之爱并不停留在价值判断上，也不是单方面的满足个体自私的需求。爱一个人不是因为他拥有美好的东西，而是爱上他，所有美好的东西都变得更可爱、更值得追求。灵魂伴侣给予的是一种超越的、向上流动的力量，使双方朝向完美的境界不断提升。

4. 带着灵魂伴侣要符合完美人设的想法

L 女士的第一任丈夫温柔，但无法给予她工作上的指导，第二任丈夫能给予她思想上的启发，但不能包容她的小脾气，总是发生争执。L 女士寻找的不是灵魂伴侣，而是既温柔体贴又能与自己思想上产生共鸣的完美丈夫，她一直将伴侣纳入自我边界中，用心中规定的完美丈夫的形象要求对方。但实际上，伴侣是外部现实中独立的个体，有优点也有缺点，L 女士用自己的标准框架来评判他人，只会使得她更在意对方的不足，而忽视对方能满足她标准的优点。第一任丈夫枯燥无味但温柔，而 L 女士忽视了他的温柔，着重抓住对方的乏味，并在遇到第二任风趣幽默的丈夫后，认为对方弥补了前一任丈夫的不足便冲动地在一起了，但在长时间相处后发现第二任丈夫又缺乏第一任丈夫的包容和耐心，于是选择了分开。所谓的灵魂伴侣从不是完美无缺的，他们是外部现实中真实存在的人，是集优点、缺点、美好和不美好等于一身的复杂个体，不应始终被纳入对方的自我边界中。真正的灵魂伴侣不是无可挑剔的，而是在认识到对方的不足时，能够及时提醒对方，向对方表达自身观点和想法，然后一起交流、一起努力，来改善缺点，向着美好不断努力。

5. 过于自我，缺少自省

海涅说："反省是一面镜子，他能将我们的错误清清楚楚地照出来使我们有改正的机会。"在与伴侣相处过程中，我们要经常进行自我反省，只有通过反省才能认识到错误并及时修正。自我是个体的主观经验，是个体对自我本身的感觉。L 女士在两段婚姻中都过于自我，较少进行自我反省。L 女士在与第一任丈夫相处时，因为对方无法给予自己工作上的帮助而不满，却没有思考自己是否对伴侣的要求过高。L 女士在第二段婚姻关系中认为对方不能包容自己的小脾气，缺少耐心，却没有反省自己是否在这段关系中过于任性，自己是否付出过行动来主动缓解和伴侣之间的矛盾。L 女士在遇到婚姻问题时，过于注重自己的想法，较少进行自我反省，倾向于逃避和埋怨。

如何才能拥有一个灵魂伴侣

认识是尊重的基础，是积极深入对方的表现。在爱情中，我们必须客观地去认识对方和自己，以便自己能够看到对方的现实状态并能够克服理想化的完美幻想，克服我们想象中的被歪曲了的他的图像。只有客观地认识一个人，规避自己自恋中的不合理期待，我们才能在爱中真正地了解对方。

那么为了能够拥有自己的灵魂伴侣，除了要避免踩到雷区，我们还应该做些什么呢？

1. 给予比索取更重要

这是著名心理学家艾里希·弗洛姆（Erich Fromm）在《爱的艺术》一书中对于深层次爱恋给出的最重要的建议。爱是双向的，并且爱的回应来自“给”本身——是“给”本身赐予了我们生气勃勃的生命力。这种生命力的升华使我们充满了快乐。我们分享自己身上一切有生命力的东西，比如欢乐、知识、悲伤等，从而在对方身上唤起某种有生命力的东西，进一步使他也成为一个“给”的人，于是双方都会因为唤醒了生命力而充满欢愉。因此在爱情上，“给”就意味着“得”。

2. 尊重并正视对方的独特性

《爱的艺术》一书中还谈到亲密关系中的尊重。尊重就是有能力实事求是地正视对方和认识他独有的个性，努力地使对方成长和发展自己，而不是为了个体的自私。书中写道：“我希望一个被我爱的人应该以他自己的方式去成长、发展，而不是服务于我。如果我爱他，我应该感到和他一致，并且接受他本来的面目，而不是要求他成为我希望的样子，以便我能把他当作使用的对象。只有当我自己达到独立，在没有外援的情况下能独立地走自己的路，即不想去控制和利用别人，只有在这种情况下，尊重对方才有可能，只有在自由的基础上才会有爱情。”

3. 放弃自恋幻想，获得自我成长

灵魂伴侣能够使我们感受到完整，缓解孤独，因此能够找到灵魂伴侣不仅意味着我们和某一个人建立了亲密的关系，更多的是一种态度，这种态度决定着一个人同整个世界的关系。爱是一种积极的行动，是一种灵魂的力量，这种力量让我们同世界连接，而非逃离，如同在浩瀚的苍穹中找到自己的位置。我们爱一个人的过程，其实也是对自我不断审视、寻找、感悟和完善的过程；只有在这个过程中不断地成长，才能够不断生出爱的能力。同时，爱的能力能够让我们创造性地发挥自己的力量，以一种谦恭的态度，放弃自恋幻想。只有努力发展自己的全部人格，从内心生出坚毅的力量，我们才有可能更好地“给予”与“尊重”，才更有可能找到我们的灵魂伴侣并维系好这种来之不易的关系。

4. 主动寻找“灵魂伴侣”，而不是被动等待

灵魂伴侣不是“不劳而获”的，而是需要付出主观努力，需要共同培养和维持，比如个体可以提升觉察伴侣情绪的能力。我们固然想要找到一个完美契合的伴侣，但更重要的是，当对方有些方面没能达到我们的期待的时候，要做的是沟通、磨合、进步、成长，而不是被自恋蒙蔽双眼，把潜在的灵魂伴侣弃如敝屣，立刻转寻下一个未知。

和灵魂伴侣步入婚姻并不是不切实际的幻想，我们完全可以通过努力实现这个期待。然而，我们也要提醒自己去规避自恋的干扰，要避免在与伴侣相处中抱有施恩或受惠的心态、避免带着寻求短暂的欲望满足的目的，同时还要避免总是对对方做出价值判断并且拿对方与其他人进行比较，当理想化和贬低的心理防御机制出现时，要小心警惕。切忌过于自我，要及时自省。

在亲密关系中我们要学会给予、尊重和成长，成为一个真正独立的、自由的、拥有完整人格的人，这样才有可能丢弃控制和利用他人的

想法。只有当我们有能力成为别人的灵魂伴侣时，我们才有可能找到并拥有自己的灵魂伴侣。

5. 及时自我反省，正确认识自我

成为灵魂伴侣需要双方共同努力，除了和对方一起共同发现不足、共同进步外，我们自己也要做到自我反省、自我思考，在亲密关系中听取他人意见的同时保持自我成长，时刻对自己持有正确的认知，信任他人但不完全依赖他人，尊重他人的同时尊重自我，这能帮助我们在亲密关系中拥有独立人格，从而找到灵魂伴侣。

6. 当婚姻遇到问题时，可以试试“奇迹询问”

奇迹询问—— 一种焦点解决的短期治疗技术

我们可以先对自己提出这样一个问题：“假想一下，我回到家里，在我睡觉时，一个好心的仙女用魔法解决了我的问题。第二天我醒过来，我不知道昨晚发生过奇迹，那么我会通过哪些变化发现奇迹已经发生了，问题已经不见了。”

当我们描述出这个期望的场景后，可以再次询问自己“如果要实现这个场景，我们可以做出的第一步是什么呢？”。

奇迹询问专注未来导向，把我们的焦点从现在和过去的问题转移到一个比较满意的生活上，如此便可以在一种稳定和愉悦的情绪状态中，思考假设性解决方法，引导自己设法达到目标。比如案例中 L 女士在跟第二任丈夫发生矛盾时，她可以使用奇迹询问设想一个她想要的婚姻场景——两人一拍即合去某个城市旅行，途中丈夫能体贴包容她的小脾气。接下来，她可能就会怀着一种期待而不是抱怨的情绪去和丈夫沟通出行计划。当她的行为营造出一种积极的氛围、传递出亲密的信号，丈夫也会积极回应，从而使 L 再次感受到“灵魂伴侣”的魅力。

也许灵魂伴侣并不容易遇到，或者即使遇到也未必能步入婚姻，我们并不是非灵魂伴侣不嫁或不娶，但要相信灵魂伴侣并非虚妄，放弃自恋的幻想，多一些耐心去成长，并怀着一份美好的期待去寻找，不失为一件人生美事。

学点心理学

【自体客体】

自体客体是指被个体体验为自体的一部分，或为自体服务而用来使自体发挥功能的人或事物。

【孪生移情】

由自体心理学代表人物科胡特提出，孪生移情是在内在深刻地感受到自己与另一个人是相似的，如同“另一个我”。

【理想化】

理想化是自我防御机制的一种，是将他人完美化的心理机制。它包括忽略或否认与完满形象不符合的特性。

【贬低】

贬低是自我防御机制的一种，将他人认为是卑劣的，但事实上这个人并不如此。这种贬低的想法是为了维护自己的自尊。

【自我】

自我是个体的主观经验，是个体对自我本身的感觉，是整合了所有心理功能的一种新的心理实体，而不是心理功能之总和。

【自我边界】

自我边界是保罗·费德恩（Paul Federn）的自我心理学理论的重要概念，是内部心理和外部现实之间的分界线。

第二章
【客体关系】找到心中美好的爱情模板

心理学和教育学通常认为成年人的痛苦是由现实的艰辛导致的，而孩子则是无忧无虑的存在。但对儿童和成人进行分析后得到的结论证明事实恰恰相反，每个孩子在生命的最初几年都会经历不可估量的痛苦，成人的所有痛苦在很大程度上都是这些痛苦的重复。

只有当一个人真正长大了，婴儿期的幻想才能够以成人的状态被满足。

——梅兰妮·克莱因

第一节　如何安放恋爱中的自己？

美好的爱情总是令人向往，但也容易让我们陷入困惑与迷茫当中。当一个人真正地踏入一段恋爱关系之后，却时常会对“自我”产生怀疑：或是因为在恋爱中逐渐迷失“自我”而深感惶恐，或是因为过于“自我”而不断在恋爱关系中引发冲突。因此，如何安放恋爱中的“自我”成了亲密关系中极为重要的议题，亟待我们去进一步探索与梳理。

因为太爱你，我把自己给弄丢了

世界上有一种人，一谈起恋爱来就会把全部精力和心思都放在爱情和恋人身上，永远把对方的需求放在自己的需求之前，没有底线地为对方付出。这种人愿意为爱情无条件地改变自己，甚至因为对方的一句话而完全放弃自己的兴趣爱好或者社交活动等。

L 女士谈恋爱的时候也总是为对方着想，一切都以男朋友为重。她多么希望能够拥有天长地久的爱情，但是她的每段感情皆以失败告终。因为结束了三年的恋爱 L 女士痛不欲生，失恋的两个月里茶饭不思，而原本就瘦小的她一下子又瘦了十几斤。“我不知道究竟哪里出了问题，为了成为他喜欢的样子，我真的已经很努力了！只要是他喜欢的事情我都会去做，他想要我怎么样我就怎么样，但我越是想要得到他的爱，他就越是远离我，对我忽冷忽热。我很爱他，真的非常爱他，我不想失去他，但是我不知道他到底想要我怎么样，我到底错在哪里了？”L 女士在咨询室里泣不成声。

回顾三年的恋爱历程，L 女士自述恋爱最初的时候她感觉自己很幸运，遇见了那个对的“他”，男朋友不仅体贴入微，两人也有说不完的话题，小到平时喜欢做什么，爱吃什么菜，大到谈论宇宙奥秘、生命意义等，起初两人似乎无话不谈。“我觉得能够遇到他是我这辈子最幸运的事情，我一定要好好珍惜！至少我一直是这么想的，我也相信我们可以走到最后。”抱着这样的信念，L 女士在心理上越来越依赖男朋友，内心深处对亲密体验的渴望也越来越强烈，男朋友逐渐成了她的“全世界”。但 L 女士越是渴望就越容易患得患失，她逐渐发现自己在恋人面前变得畏畏缩缩，觉得自己哪哪儿都“不够好”，也很担心对方看到自己的“真面目”以后，就不会再喜欢自己并离开自己。因此，她总想扮演一个“温柔和顺、懂事独立”的女朋友，而自己内心深处那些不安与痛苦她一直鼓不起勇气告诉男朋友，遇到伤心的事情也总是自己一个人在房间角落里默默哭泣，事后还要伪装成一切都好、无事发生的模样。但其实她内心非常羡慕那些能和男朋友哭闹和诉说，勇敢表达自己真实情绪和感受的女生。她多么希望自己也能成为一个无畏、坚强、有主见的女生。

她试图通过不断为对方付出或美化自我的方式，让自己更符合“完美女朋友”的标准，譬如为了给男朋友做他喜欢的西餐，专门去上价格不菲的厨艺课。由于担心自己身材不够好而放弃了自己最爱的芝士蛋糕，甚至节食减肥到经期紊乱。在L女士的认知里，她觉得只有通过迎合以及讨好对方才有可能维持两人的关系。然而，这样的做法似乎并没有让男朋友感到更满意或开心，对方甚至还会毫不领情地训斥她多此一举，说她乱花钱，报一些没有意义的课程。这不仅让L女士更加怀疑自己，也让她深陷寂寞与恐惧中，导致自己不停地追问男朋友自己哪些地方做得不够好、怎样做才能符合他的标准。

男朋友不胜其烦，最终对L说：“你这段时间的变化太大了，我觉得我们之间越来越生疏，渐行渐远。我感觉我们不太合适，或许是时候分手了。”这话一出，L的世界彻底崩塌了。失恋的两个月里，L仿佛完全失去了人生支柱，对任何事情都提不起兴趣，“以前做的所有事情都是为了他，但现在我们已经不在一起了，我做这一切还有什么意义呢？”L哽咽着，“为了他，我拼尽了全力、付出了所有，但最终我好像把自己给弄丢了……”

恋爱中有哪些“自我”困境

事实上无论置身于何种人际关系，我们或多或少都会在乎别人的眼光，关注别人的评价；而越是亲近的人，我们越容易因为担心“他/她是否喜欢我”而感到焦虑。其实在人际关系中感到焦虑和担忧是合乎情理的，能够促进我们适当地规范和调整自己的言行举止。但是若经常陷入过度的自我怀疑甚至自我否定中，那就可能会使我们逐渐看不清甚至迷失自己。就像L女士一样，最终在亲密关系中只能体会到“失去自我”的痛苦与绝望。从案例中我们可以发现，如何正确地“认识自我”和“表达自我”，对个体的发展以及亲密关系的发展与维持发挥着至关重要的作用。那么恋爱中常见的“自我”困境有哪些呢？

1. 自卑

难以摆脱的对自我及关系的不确定感，有时候会演变为自卑感。实际上，这是关系中很多问题与困扰的罪魁祸首。奥地利著名心理学家、个体心理学创始人阿尔弗雷德·阿德勒认为，自卑是与生俱来的，因为世界上没有人是完美的，每个人都有自己的优点与缺点，可当我们与他人比较时可能就会感到相形见绌，“自卑感”随之产生。在亲密关系中我们一方面渴望得到对方的关注和青睐，却又常常像L女士一样，无意中在内心中预设了对方的拒绝与排斥，不断想着“我不够好”“我不讨人喜欢”“我不值得被爱”。当一个人总是担心自己会被抛弃，那在与恋人相处的时候往往就会做出许多“低姿态”的举动以取悦对方。此处所指的“低姿态”并非是一种谦逊和包容的表现，而是已经达到了完全不顾及个人感受，甚至已经是一种伤害自己的行为（无论是精神层面还是身体层面）。因此，在过多地表现“低姿态”举动的过程中，有时候就会一不小心“把自己给弄丢了”，陷入“他/她真的喜欢我吗？”“他/她喜欢的是真实的我吗？”“他/她是不是有别的喜欢的人了？”等惶惶不可终日的思绪中。诚然，为了爱情，我们愿意放低一些自我姿态。正如张爱玲所说：“遇见你我变得很低很低，一直低到尘埃里去，但我的心是欢喜的，并且在那里开出一朵花来。”在追求与感受爱情的同时我们更需要觉察自己在这个过程中的状态与体验，比如内心是否感觉到了与对方在一起的快乐，是否感觉到自己更加坚定、更有力量——只有认真倾听自己内心的声音才有可能增强对自我及亲密关系的确定感。

2. 真 - 假自体混淆

我们内心深处的不确定感到底是如何产生与发展的？对于这一问题，英国精神分析学家、客体关系流派代表人物唐纳德·温尼科特（Donald · W.Winnicott）所提出的“真自体”与“假自体”概念或许可以给我们答案。温尼科特是精神分析客体关系学派的重要代表人物，是英国精神分析“独立学派”的领军者，以及现代精神分析运动中的独行侠。他认为，儿童人格发展的结构包括真实自体（true self）和虚假自体（fake self），两者都源自婴儿早期与环境（主要与母亲）的相互作用。

通俗地说，真自体代表我们真实的情绪感受、想法意图或性格特点，是一种自我需要、意象与姿态的来源，真自体一旦被隐藏起来、不被看见，就会冲击一个人对自我存在的感受；而假自体是利用认知功能对环境的冲击做出预期的行动，通过给予环境所期待的反应而使环境变得更加安全可控，就像是“戴着假面具的自我”，它决定了人们对外展示的自我形象。我们不能表面地将假自体理解为“虚伪的自我”，事实上，建立在顺从基础上的假自体不但有其存在的必要，甚至在一定程度上接替了环境不能提供的照料功能，从而在一定程度上保护了真自体的完整性，可以说假自体是为了保护真自体而存在的。需要注意的是，真自体与假自体在相应的环境中发挥不同的作用，因此它们必须取得一定的平衡，才能使一个人发挥正常的社会功能。他进一步指出，自发性动作（spontaneous gesture）是行动中的真实自体，创造性和真实感是真自体的独特特征；而假自体是婴儿被迫过早地顺从环境的结果，并表现出不真实和无效，以及人际关系中的真诚缺乏等特征，真自体和虚自体是个体内在的真实核心，并表现为不同的外在行为模式。

如果假自体完全掩盖了真自体，那一个人就会成为无法与外界交流的“傀儡自我”，只是一味地顺从和满足环境与他人的要求。正如 L 女士一样，一味地迎合着男朋友的想法和喜好，对方的需求比一切都重要，而这就是源于L早年的养育过程中没有得到养育者充分的爱，导致处于婴儿期的她不得不调整自己的状态来迎合养育环境。

随着咨询的深入，L幼年在养育过程中所受到的影响也渐渐浮出水面：由于父母都要上班，家中无人照料年幼的L，于是L在2岁时便被当老师的妈妈送到同校的幼儿园，成了幼儿园里最小的小朋友。L虽然对那时的记忆非常模糊，但因为她从小体形就瘦小，因此常常成为别的小孩的欺负对象，被幼儿园孩子孤立的她只隐约记得“自己一个人蹲坐在墙角”的感觉。长大之后偶然间听到妈妈谈起L小时候在幼儿园的时候，由于年纪太小一直黏在老师身后，开始时老师还能耐心照料，但有时也会因为要照顾全班的小朋友而无暇顾及L，最后还和L的妈妈告状说L太黏人，影响了她的工作。对于2岁的L，作为养育者的妈妈与其过早地分离，而作为照料者的老师明显没有提供抱持的、有效的照料环境，与此同时还被别的孩子欺凌的痛苦L只能自己忍受，使得L不得不顺应外界环境的要求，做一个符合大人预期的“乖孩子”。在L的成长过程中，展现假自体并隐藏真自体在L的认知世界里是唯一能获得爱和关注的途径。于是假自体的不断膨胀便逐步掩盖真自体，使得L在成长过程中越来越习惯于满足和迎合环境与他人的需求，她逐渐开始隐藏自己内心真实的想法与感受，使她慢慢成为需要依据她人的关注和肯定才能感受到自我价值感的人。

3. 过度隐藏自我

隐藏真实的自我也是常见的亲密关系现象，当我们不能接纳自己在关系中的自我状态时，也就很难发展出表达真实自我的方式。经过研究发现，在亲密关系中持续隐藏自我（尤其隐藏个人的缺点和不足）会让人总是处于被动与恐惧当中，会非常害怕一旦恋人发现了自己努力隐藏的缺点，就会感到被欺骗了，进而因失望而离开自己。但当我们不想让对方发现自己的缺点，在关系中战战兢兢如履薄冰时，相应地，我们也放弃了深入了解彼此的机会，将一切“敏感”话题视为禁忌。随着禁忌话题越来越多，可以交流的范围也就越来越小，这在一定程度上损害了关系互动的窗口，最终的结果就是在关系中体验到更少的联结感和信任感、支持感与意义感。诚然，想在喜欢的人面前隐藏自己的缺点是一种自然倾向，而坦露缺点就意味着要承担遭到对方厌恶甚至抛弃的风险，但实际上，对此我们不必过于恐惧，因为真诚地向对方坦露自我会带来积极的解脱性体验，适度自我暴露实际上是在创造一个让真实的自我感到更舒适和被接纳的空间。自我暴露是指有意透露与自己相关的信息的过程，而且这些信息通常是重要的，不为人所知的。更重要的是，这种彼此涵容错误或缺点的关系才更可能使得亲密关系中的双方成为彼此忠诚的盟友和伙伴，成为彼此安全的港湾。

如何妥善安放恋爱中的“自我”

妥善安放自我是建立良好亲密关系的前提和基础，接下来我们将从以下四个方面入手并展开论述。

1. 提升自信和自尊

正如阿尔弗雷德·阿德勒在《自卑与超越》中论述的那样：“我们生活在与他人的联系之中，假如因自卑而将自己孤立，我们必将自取灭亡。”因此超越自卑心理，提升自信和自尊，是我们建立和维持亲密关系的重要根基。那么首先，我们需要意识到，自卑感本身并没有什么问题，我们每个人都有不同程度的自卑感，实际上适度的自卑感甚至能够激发动力帮助我们认清自己，不断地提高并成为更好的自己。我们真正需要做的是正视自卑心理，把它当作自然的心理现象，理解它可能源自我们对自身“不完美”的不接纳，以及对自己“值得被爱”的不确信。要解开这个心结，我们需要对负性自我认知进行重建，如当再次陷入自我怀疑和自我否定的思维模式中时，不妨停下脚步扪心自问："我所担心和恐惧的事情有证据吗？假若事情真的发生了，结果是否真的像想象的那么恐怖和糟糕？还是只是我的想象呢？"我们可以通过诸如此类的诘问打破自动化消极自我对话的恶性循环。其实，我们所担忧的很多事情根本不会发生，即使发生了，往往也没有我们预判的那么糟糕。与此同时，我们也可以通过积极的自我对话来肯定自身价值，告诉自己"虽然我有不完美之处，但依然值得被爱"。此外，发展创造性自我，投身到更广阔的社会活动与兴趣爱好之中，在自我效能感提升的基础上增强对自我及恋人的确信感，也有助于我们在亲密关系中提升自信和自尊。

2. 接纳真实的自我

在亲密关系中渴望被接纳与被认可是极为常见的心理，但这并不意味着需要以忽视真自体为代价——事实上，我们作为社会中的一分子，若想实现自己的理想或者目标往往需要假自体发挥作用。但如果为了对方而夸大假自体在自我中的占比，屏蔽真自体，最终的结果不仅会让我们更加焦虑，而且长期下来会对身体造成巨大的伤害，因为一颗生病的心灵比一副生病的躯体更有害。只有当我们开始接纳真实的自我，以开放的心态正视完整自我的所有部分时，我们才有可能在亲密关系中自在从容地安放自我。因此，我们首先要有勇气去看到自己的假自体及被其隐蔽的真自体，去接受真实的自己，包括那些混乱的不完美的部分。其中的关键点在于对自我保持尊重的态度、发挥自己的潜能、满足自己的需求、自然地享受被爱与爱人的自由，这样才能使我们最终成为真正的自己，并成就双向奔赴、共同成长的恋情。

3. 打破沟通障碍

当对自我无法接纳与认可时，我们就难以对恋人敞开心扉进行有效沟通。研究调查表明，当恋人之间缺乏沟通时，除了不愉悦的情绪感受外，伴随信息匮乏带来的不确定性，往往会使人内心忐忑并产生各种揣测或担忧。我们常常看到恋爱中的伴侣产生这样的忧虑：如果他/她知道我的想法，会不会嫌弃我很无趣？如果和对方说了我真正的期待与愿望，他／她会不会觉得压力很大或感到很烦？如果向对方暴露了自己的缺点，那么对方会不会抛弃自己？更糟糕的是，由于害怕自己的担忧被印证，从而选择隐瞒而抗拒沟通，便会导致进一步的困惑与怀疑，更多的话题双方直接避开不谈，最终陷入恶性循环的僵局。然而，我们并非真的对此无能为力，只要我们坦诚地告诉伴侣自己真实的想法，可能会惊讶地发现接纳与理解其实近在咫尺，对方可能会积极地回应我们的坦露。即使双方发生分歧，至少也创造了彼此互相深入了解和建立深刻联结的重要契机。

4. 适度自我暴露

自我暴露是表达自我的重要方式之一，而这建立在双方都有直面自我的决心和勇气，以及挑战深层核心信念与行为模式的基础上。具体而言，我们可以按照以下步骤适度地暴露真实的自我。

（1）反思自己关于“不完美”的核心信念。“如果我表现出了自己的缺点，他／她一定就会离开我”——试着松动这个不合理的负面信念。事实上，如果想真正地感受到被爱，我们就必须展示自己的“不完美”之处。时刻提醒自己“每个人都是不完美的”，不回避缺点而展示真实的自我能让我们把自己带到亲密关系中，同时也会鼓励对方坦露自己的缺点，成就更为真诚和舒适的伴侣关系。

（2）列一个“不完美”清单。列举出自己通常会否认或对伴侣隐瞒的行为和特征。可以从小事开始罗列，譬如偶尔会“丢三落四”或者“不喜欢做家务”。这样做不仅可以让我们更好地了解自己，同时也能使我们鼓起勇气向对方坦露“不完美”的自己。

（3）从小小的事情开始。可以开玩笑似的分享我们清单上的一些小缺点，让伴侣做好一定的心理准备，打破“理想”或“完美”的预期。

（4）积极回应自我暴露。当恋人承认错误时，给他／她一个大大的拥抱，感谢对方的坦白，这种坦露不仅会创造关于自我暴露的良性互动循环，同时会增强我们对自我及建立亲密关系的信心。

在亲密关系中如何安放自我其实是一个很难解决的问题，但幸运的是，当我们能鼓起勇气，愿意去思考以及去探索自我遇到的种种困境时，就已然迈出了解决问题最关键的一步。我们接下来需要做的是更加真诚、尊重、温暖地对待自我，勇于接纳并暴露那些并不完美的自我部分，通过自我觉察、自我接纳与自我表达创造更加充满爱意的关系空间，最终认清自我的位置，在促进自我成长的同时更好地维系亲密关系。

学点心理学

【真自体-假自体】

真自体和假自体是客体关系学派重要代表人物温尼科特提出的概念，这两个概念来自儿童与环境的互动。在理想状态下，得到非冲击性环境养育的真自体，代表的是遗传的前置，体验到存在的连续性。在客体关系的最早阶段，当母亲没有满足和给婴儿提供足够的情感回应时，婴儿就会发展出假自体，用顺从来获得母亲的爱，进而顺从地按照环境的需要建立虚假的关系。假自体提供了个人存在的错觉，是被客体的期望和要求塑造的。假自体隐藏了真自体，使其不能自然地活动，在关系中体验不到真实的情感，也无法表现出真实的自己。

【自我价值感】

自我价值感在马斯洛需求层次理论中对应自我实现的需求。这种需求是人的需求层次中最高层次的需求。自我价值感是一个多层次的心理结构模型。它主要分为三个层次：总体自我价值感、一般自我价值感和特殊自我价值感。就抽象程度而言，总体自我价值感抽象程度最高；其次是一般自我价值感，包括社会取向和个人取向两种；抽象程度最低的是特殊自我价值感，特殊自我价值感中不仅有社会取向和个人取向两种，在两种取向下还有人际的、心理的、道德的、胜利的和家庭的五个方面。

第二节　学会与伴侣保持舒适的距离

德国哲学家阿图尔·叔本华（Arthur Schopenhauer）将人与人之间的相处比作刺猬："互相靠得太近，会觉得刺痛，彼此离得太远，却又会感觉寒冷。"在亲密关系中，我们总能看到这样的现象，从最初的如胶似漆到逐渐感到窒息，从试探性的远离到久而久之的同床异梦，情侣之间究竟保持怎样的距离才能让关系长久而稳定？这就不得不提到亲密关系中的边界感。事实上，好的边界可以允许我们在亲密关系中"将他人纳入自我"。在保持清醒的自我意识的同时，和对方深入联结并且逐渐发展出一个整合式的自我概念——"我们"。随着一段关系的深入，两个人会在某种程度上体验到视角和价值观的重叠，建立一种内心的心理联系。

那么近？那么远？我该如何是好

来访者 A 称自己是"二十四孝"女朋友，同居半年期间把男朋友的生活起居照顾得妥妥当当，洗衣做饭全部包揽。如果男朋友感冒了，她会一日三次打电话提醒男朋友按时吃药；男朋友熬夜加班，她总是陪同在侧；男朋友心情不好的时候，她也总是陪着他逗他开心；她还会尝试做很多好吃的菜给他，也经常送他礼物。然而，最近 A 感到男朋友对自己很不耐烦，时不时还对自己冷言相对，让她不要管那么多，自己可以照顾自己。甚至有一次，A 的男朋友说她就像自己的贴身保姆，又烦又腻。A 很委屈，自己将所有的时间、精力都花在男朋友身上，付出了这么多，却像是热脸贴了冷屁股。"刚搬到一起的时候，他还说我真是天生的贤妻良母，说他太幸福了，怎么只过了半年，就都变了？他是不是开始厌烦我了？我们是不是要分手了？”A 带着这样的困惑走进了咨询室。

来访者 B 却正相反，她自述在亲密关系中感到压抑和束缚：“他经常会翻看我的手机，并不是偷偷的，而是仿佛这是一件再正常不过的事情。比如，我们一起看电影时，我的手机有一条微信提醒，他就会迅速拿起我的手机查看是谁发来的信息。有时，我洗完澡从浴室出来就看见他在翻看我的手机，我问他在看什么，他却漫不经心地说‘没什么啊，随便看看’。每次我跟他说不要不经过我的同意翻看我的手机时，他就一副满不在乎的样子，还敷衍说‘下次不看了’。最让我烦的是，我追个星他也要管，埋怨我没有把心思、精力放在他身上。我就这么点爱好，实在不明白这是吃哪门子醋？”B 说自己不明白为什么男朋友总是要翻看自己的手机，而且有的时候感觉男朋友的“爱”让自己有些窒息，很希望自己在恋爱关系中也有独属于自己的空间与时间。

来访者 C 是一位男士，现在的女朋友是他曾经暗恋了 7 年的女生，面对得之不易的情感，C 非常珍视，对女朋友十分关怀体贴，会关心女朋友的饮食作息、家人状况、学业进展，很多时候还会给出自己的建议，希望对方能够采纳。但是 C 却觉得女朋友对他的关心表现得诚惶诚恐，甚至似乎有意回避，自己有困难也不愿意麻烦 C 去做，自己就好像和单身时没什么区别，这让 C 很受挫，既没有作为男朋友的存在感，也不知道如何和女朋友拉近距离。C 也不知道如何和女朋友沟通，有的时候感觉对女朋友有一种陌生感。C 很希望能够得到咨询师的帮助。

人际中的边界混乱，即关系中双方对于边界在哪里没有达成共识，会使双方负面情绪增加，最终导致关系破裂。边界不清的人，要么是容易对他人的情绪和行为负责，要么是期待他人对自己的情绪和行为负责（Manson，2013）。过度依赖他人是边界不清的表现。把别人的情绪、生活完全看成是自己的责任也是一种边界不清的表现。

把握与他人之间适当的距离，是每个人在社会交往中都要学习的必修课。这一点在亲密关系中体现得更为突出，距离太远会影响彼此之间的亲密，变得冷淡落寞，距离太近又会产生窒息感，出现过度控制、依赖或者回避的情况。过远过近的关系都会导致关系中出现矛盾和困扰，要解决这个问题，核心在于把握亲密关系中的边界感。边界其实没有绝对的对错，只要关系中的两个人自己觉得舒服就可以。每个人总体上会有一个边界更清晰强硬还是更柔软灵活的倾向，但在和不同的人的关系中，我们呈现出来的边界还是不一样的。在恋爱关系中，双方对“边界在哪”达成共识至关重要，是关系能够良性发展的基础。

什么是边界感

边界感是一种分清有关联的两种物体并明确各自属性的认知。心理学家达纳·詹塔（Dana Gionta）认为清晰的人际边界意味着个体了解自己的能力局限，亲密关系中的边界感是指伴侣双方能够保持适当的心理距离。边界清晰的人能体验到满意的亲密感，又不会侵犯到对方的个人空间和独立性。相对应的反面有两种情况，即边界模糊和边界疏远。边界模糊，会过度侵入对方的空间，想要掌控对方的全部信息，给对方做建议和规划，迫使对方放弃独立的立场顺从自己；边界疏远则意味着彼此之间的距离过远，出现冷漠隔绝，不愿意被打扰，或不愿意打扰和麻烦对方的情况。在亲密关系中，一旦边界感出现了问题，伴侣间很容易产生矛盾，使双方陷入情绪困扰，进而引发冲突，让亲密关系产生裂痕。

非常早期的经验，如爱与支持的来源受到阻绝、需要陪伴时被单独留下、需要食物时却挨饿、需要被包容时缺乏一个能思考的客体，这些早期经验全会在断奶时被重新翻搅出来。“断奶”展现了成长过程中一个重要的方面。它以清晰而具体的方式，描绘出个体于日后，为了成长而必须放弃对幼稚事物的依附时，所要经历的各种挣扎、努力。如此，个体才可能减少对外在人物实体存在的依赖，而能够吸收并于内在保有这些人物的功能及能力，简言之就是内摄。要走过这个处境，个体必须能够忍受退让放弃，去体验至今从未尝试过的新经验，甚至改变自己。一段关系若要有所改变，参与的个体必须能够真诚地放弃对他者的幻想或投射（不管那是渴望或害怕），并且能够欣赏他真实的样子，了解真实的他可能和自己需要他去呈现的模样有所不同（Waddell，2017）。可见，幼年时期的经历影响着人们的边界感的形成。

不同人对边界的理解不同，有的家庭认为彼此帮对方做事情是爱的表现，有的家庭则认为放手让其独立、尊重不干涉是爱的表现。虽然表现不同，但成因类似，大部分的边界感不清都是在婴幼儿时期形成的。心理学家科胡特认为：在婴儿期，孩子和养育者是共生的，孩子的基本生理需求是由养育者完全满足的。而养育者也认为自己有责任养育和照顾孩子。但随着年龄的增长，如果这种共生没有进行妥善的分离，养育者仍然会干预孩子的生活，孩子也会停留在被动等待的状态；而如果共生到分离的过程过于粗暴，可能导致孩子的自尊水平较低。如果成年后依然带着不合理的共生模式进入一段亲密关系，就很可能把爱认错，并因边界不清而出现问题，陷入痛苦、挣扎中。

健康的边界并非一成不变，它也可以是灵活和富有弹性的，并且随着成长而变化。但边界应该是清晰的，因为只有清晰的边界，才能赋予个体自主选择的权利——我有权决定自己在什么条件下能接受什么，不能接受什么，以及用什么态度来应对，能够抵御他人的冒犯或者利用。

不论是多么亲密的伴侣，也会有自己的烦恼和隐私，在对方明确拒绝了热切关心的话语时，继续以追问的方式去表达爱，并不是一个合适的方式。尊重对方的边界，接受对方在这件事上对自己的拒绝，或许更能够让对方感受到你的爱。因为爱的构成部分中，本身就包含了尊重和接纳对方的意愿。强调边界感时常让我们感到内疚、自责、不忍开口，但真正的爱只能发生在两个独立的人之间。

导致边界感不清的常见养育方式：

（1）被父母过度保护和满足。这类孩子会认为自己的需求应该一直被满足，其他人理所当然必须了解和满足自己的需求。在成年后的亲密关系中，他们可能会过度依赖伴侣，或者将对方的一切付出视为理所应当。

（2）被父母忽视或虐待。这类孩子可能会认为自己做得不够好，从而不断地顺从和讨好别人。这样的孩子成年后，可能会在亲密关系中扮演一味付出的角色，虽然在关系建立的初期会让对方甘之如饴，但久而久之会成为对方巨大的心理负担。

（3）和父母关系过于亲密。这类孩子会认为自己可以做很多事情，想要为别人负责。典型的模式是在成年后的亲密关系中大包大揽，很少顾及对方的想法和感受，最终会使亲密关系中的双方渐行渐远。

梅兰妮·克莱茵是儿童精神分析研究的先驱。她指出，任何内驱力和本能都是与客体相联系的。初生婴儿只能根据他所体验到的客体的好或坏来代表这个客体。此时，他所体验到的只是客体的部分特征，所以称为部分客体。本能和内驱力支配着婴儿的内部世界。客体关系以内驱力或本能形式呈现出来。儿童的焦虑与恐惧都源于死亡本能。当客体引起婴儿的恐惧和焦虑时，为了防止报复或被毁灭，而想控制客体甚至毁灭客体。他会采取如投射、分裂、理想化与贬抑、投射认同等的心理机制。婴儿不断地运用心理机制来控制他们的欲求和需要，逐渐能把同一客体的各种不同特征整合在一起，逐步形成完整的客体表象，并建立客体关系。婴儿期始形成的客体关系决定着边界感的形式。

边界感的问题还与自我觉知有关。科学家阿姆斯特丹（B. Amsterdam）曾做过点红实验——在孩子鼻子上点一个红点并让他们照镜子，以此来判断孩子的自我觉知能力是否成熟。结果发现 6 ～ 10 个月大的婴儿并不知道镜子里面的人是自己，而 20 ～ 24 个月大的婴儿，有 65% 能意识到鼻子上的红点并用手去摸，表明婴儿在这个时期开始具备自我意识，对自我的认识逐渐清晰。在孩子拥有完整的自我觉知以前，成长基本依赖父母的引导，那些过度满足孩子的父母，会让孩子沉溺在自己是世界中心的感觉之中。对孩子太过冷漠的父母，则会使孩子缺乏安全感，从而让他们在长大过程中通过过度讨好或取悦别人来获得认同感。

亲密关系中边界感不清的弊端

亲密关系中的边界模糊和边界疏远，会影响双方关系的满意程度，也会对彼此的身心产生不良影响。

1. 边界感问题影响关系满意度

诺顿（Norton）等人研究了 6756 对欧洲夫妇的边界感对满意度的影响。通过调查网络沟通越界、网络沟通入侵、关系满意度和伴侣回应之间的关系，发现网上沟通越界越多，关系满意度和伴侣回应越低；男性的网络沟通越界情况比女性更多。随着网络时代的发展，线上沟通成为大多数人常用的沟通方式，让边界侵犯问题更加容易出现，亲密关系中的很多边界感问题转化为查看对方手机与电脑等电子设备的浏览与聊天记录，这同样会影响关系的满意度。来访者 B 就因为男朋友经常肆无忌惮地查看自己的手机，以此干涉 B 的兴趣爱好，并经常情感绑架，导致 B 不胜其烦。

2. 边界感问题导致情感耗竭

如果在亲密关系中遇到边界模糊的问题，就会出现覆盖伴侣独立性的行为，即对对方的事情大包大揽。比如自以为是地照顾对方的情绪，解决对方的问题，耗费大量时间与精力。但这种自以为是的大包大揽一方面会使付出的一方情感耗竭，而被侵犯了自身独立性的另一方又可能无法感受到尊重和关爱，甚至容易指责付出的一方，这种情况下就有极大的可能引发冲突，最终造成亲密关系的破裂。

3. 边界感问题产生情绪困扰

心理学家达纳·詹塔发现，当一个人的边界被打破时会有两种感受——不舒服和不满。这两种感受是连续变化并可以进行测量的，不舒服一般发生在对方压制、利用自己或感到不被欣赏和尊重时以及对方不顾自己感受一直跟自己灌输其信念、价值、期望等时。这种心理的“不舒服”会引发不满情绪。这时，如果双方能够就此进行良好沟通，则不会留下隐患。然而糟糕的是，为了维持自己在关系中的形象或者因为负罪感，很多人常常选择忍耐。这种长时间的压抑会导致情绪困扰，一旦爆发则可能会对亲密关系造成不可挽回的严重损害。

如何建立适当的边界感

在亲密关系当中，伴侣双方保持合理的边界感，对于发展健康、和谐的关系来说是很重要的。维持清晰合理的边界感，也是亲密关系能够长久存在的保障。下面的一些方法，有助于我们在理清自己感受的同时，也认识到他人的独立存在，把握好关系相处的度。

1. 关注自身和对方的感受

边界模糊的一个重要特点是将自身和对方的感受相混淆或给予不同的关注度。无论是将自己的感受理所当然地认定为对方也拥有的感受，还是将对方的感受全然接受为自己的感受，都不利于边界感的建立。当自己在关系中感受到不舒服或者不满时，想一想这些感觉是什么原因造成的？自己真正在乎和关注的因素是什么？通过及时准确地判断自身感受，能够有效地厘清自身的边界状态。同时也不能忽视对方的感受，首先要做到不想当然地将自我的感受强加在对方身上，允许对方有不同于自己的感受，进而了解对方的边界状态。

2. 建立自我认同

在成长过程中没有建立明确的自我认同，没有找到独立存在意义的人，容易成为边界模糊或边界疏远的人。他们无法理智地看待和接受真实的世界，因此在亲密关系中很容易出现想要控制对方或者回避对方的情况。而且，有边界感问题的人，通常会认为自己的选择并没有错误，这会阻碍双方的沟通。比如，案例中A干涉了伴侣的自由行动和饮食，导致男朋友无法忍受，最后爆发冲突。A这时觉得很委屈，可能是因为A没有建立好自我认同，于是会通过给他人提供建议，干涉他人生活的方法来找到自己的存在感和价值。一旦对方不认同自己的付出，就会受到伤害。《简·爱》中的女主角简·爱，则能和自己的伴侣保持合适的边界距离，最后和伴侣相守一生。所以我们应该先建立好自我认同，增强对自己的认知，以此为基础，才能进一步接纳自己和对方。

3. 尝试沟通和表达

每个人的想法、感受和认知都是不同的。在表达自身的需求时，可以多用商量的语气，与对方一起沟通，理解对方的难处，感受对方的情绪。当我们可以了解对方话语背后的情感时，便更能理解对方。要采用合理的方法把内心的真实想法表达出来，不要用不恰当的语言任意宣泄情绪。比如A常抱怨男朋友下班晚，会说："你天天下班这么晚，电话又不接，感觉你不在乎我。"可以转换成"我们已经有半个月没有一起吃晚饭了，虽然你现在工作比较忙，但能不能抽出点时间，我们去尝试一家新的餐厅呢？"通过这样的方式，合理表达自己的想法，也可以逐渐学会考虑对方的感受，平衡好彼此的边界感。

4. 练习正念

通过正念练习，我们可以有意识地建立良好的边界感。在各个事项之间做好过渡，与伴侣建立真实的联结，接纳自己和对方。比如在工作和学习的时候，可以将注意力专注在自己的事情上，尊重彼此的空间。在和伴侣一起吃饭的时候，可以从工作和学习中跳出来，暂时放下手机，将注意力转移到和伴侣的交流互动上来。通过练习，可以让彼此适应双方的节奏和需求。

亲密关系需要双方的共同经营，从确立亲密关系到进入共同生活，双方需要经过多次磨合调整，寻找双方都舒适的距离，掌握好恰当的相处方式，保持有边界感的亲密，彼此的关系也能更经得住考验。

建立合理边界感的具体技巧

1. 探索并明确自己的边界

在关系中，我们需要通过一段时间的探索和感受，发现自己舒服的边界在哪里。

比如，可以问对方“我们可以拥有多少完全属于自己的时间、空间和秘密？”。

2. 比说“No”更好的沟通方式是“Yes，and”

这种方式传递了一种信号：我愿意邀请你进入我的边界，只要你尊重边界内的规则。你需要通过 yes 的部分，允许对方进入你，从而有助于你和他人建立联结；但又通过 and 的部分提出一些额外的条件。

3. 对自己的边界保持一致

和亲近的人维护自己的边界时，我们很容易感到自己的行为给对方造成了伤害，因此产生退缩和自我怀疑。越是在这个时候，越需要对自己的边界保持一致。在坚持边界与让渡边界之间反复横跳只会让身边的人摸不清我们的边界究竟在哪。

4. 积极了解对方的边界

随着关系深入，我们可以询问对方为什么会这样设置她 / 他的边界，并且分享自己对边界的看法。这种提问沟通，其实更能够让对方感到我们对他/她的自我边界的尊重，也有利于和对方的磨合，最终形成关系中关于边界的共识。

比如，可以问对方如下问题：当我与他人亲近到什么程度时，你会感到被冒犯？和异性单独去吃午饭可以吗？约前任喝咖啡可以吗？

学点心理学

【分离与个体化】

这是精神分析师玛格丽特·马勒（Margaret S. Mahler）的发展理论中最核心的概念。如果用“共生”比喻婴儿与母亲无区别地在一起的内心体验，那么分离则涉及儿童在内心完成与母亲的分离；而个体化则代表分离过程之后，儿童产生的一种早期存在意识，即“我是存在的”一种感觉。如果分离过程没有顺利完成，就可能使儿童模糊并且不能分辨与客体的界限，进一步使得产生存在意识的个体化过程受阻。

第三节　原生家庭对恋爱关系的影响有多大？

著名心理学家埃里克森（E. H. Erikson）在他的心理发展理论中提出，形成稳定、满意的恋爱关系是成年期最重要的发展任务之一。然而，万丈高楼平地起，一砖一瓦皆根基。人在婴幼儿时期和养育者（即重要客体）的关系会在很大程度上影响成年后形成和建立这种亲密关系的能力；我们在和父母相处的过程中，学习到的“第一手经验资料”，也会在很大程度上影响未来亲密关系的发展；而在家庭中学习到的沟通与解决问题的方法，更是会形成日后应对人际冲突的基本策略与能力。可见，我们赖以生长的原生家庭，不仅影响着我们的幼年时期，而且对我们的整个人生都持续发挥着作用。

原生家庭：成也萧何，败也萧何

原生家庭是一个曝光率很高的词汇，原生家庭对一个人的影响是非常深远的：幸福安定的原生家庭会给孩子带来积极的力量，冷漠破碎的原生家庭更容易将孩子打入恶性循环。在影视作品当中我们经常可以看到，一个人在亲密关系中的表现通常带着原生家庭的影子，能够经营好和谐亲密关系的人，往往在原生家庭中获得了足够的安全感和关爱，而那些原生家庭有缺陷的人，却会在自己的亲密关系中屡遭挫败。前些年的热播剧《欢乐颂》中的“五美”各自有着鲜明的个性，曲筱绡的古灵精怪、安迪的冷静凄苦、关雎尔的乖乖女牌、邱莹莹的单纯乐观、樊胜美的金玉其外，无不牵动着我们的内心。五人的感情路线也不尽相同，面对感情，有的主动出击，有的坐等上门，还有的期期艾艾却不敢托付。这一切，其实都和原生家庭有关。

樊胜美是一位光鲜亮丽的外企高管，也是出身贫寒的“胡同公主”。她生长在重男轻女的贫寒家庭，父母的不公让她耿耿于怀，工作后更是被家庭拖累，赚来的钱都填进“扶弟”的无底洞。她虽直率仗义，也爱打肿脸充胖子，从不愿意在别人面前露出疲态，既善良又虚荣，让人又爱又恨。苦苦支撑的樊胜美一心想找个“好丈夫”，从此不再流离，却在一段段亲密关系中被人轻视，一次次经历着情感上的挫折与痛苦。反观“小妖精”曲筱绡，虽然家里也有重男轻女的传统思想，但相对于同父异母的哥哥，有母亲在身边的她并不缺少父母关爱，她非常确信把自己的生活伪装成“苦哈哈”的样子，能够引起父母的心疼。因此，我们看到“不学无术”、身为“学渣”的她在书香世家的赵医生面前依然阳光自信，既懂得发挥自己所长，展现魅力，也能够适时服软撒娇，惹人怜爱。

很多人哀叹樊胜美的不幸，怒于樊胜美的不争。但是想一想，一个三十多岁的女人，工资和职称上不去下不来，家里有一个瘫痪的父亲，游手好闲只会花钱的哥哥嫂嫂，还有哥哥嫂嫂生了不管的孩子；一月工资除了房租几乎全部补贴家里，有着还不完的债数不清的活，处理不完的麻烦事。人一旦被原生家庭“绑架”，要想挣脱，是非常困难的。樊胜美的原生家庭早已给她打下烙印，她必须现实，必须嫁给一个有钱的男人。而常年在原生家庭的深渊中独自挣扎的人，一旦有了一个依靠，就很容易把它当成自己的救命稻草。就像樊胜美会把自己人生翻盘的机会，全部寄托在王柏川身上，既在心理上需要他的安慰，又在物质上需要他的支持。这一切造就了一个矛盾的樊大姐形象，一方面是身光颈靓、气质高雅的“捞女”，一方面是凄惨的被原生家庭折磨的小城镇女孩，在不断自我内耗中跌跌撞撞地生活。

为什么原生家庭会对子女的亲密关系有如此大的影响？我们又该如何看待原生家庭带来的负面影响呢？

原生家庭：物质与情感的奠基

通常意义上，一个人长大后所组建的家庭被称为新生家庭，而自己出生和成长的那个家庭则被称为原生家庭。原生家庭为个体提供了最初的物质基础，也是一个生命个体情感经验的最初场所。人在生命前期其个人人格和自我意识尚未形成，犹如一张白纸，在家庭的物质与情感的支持抑或拖累下，一步步地描绘着社会色彩，逐渐从生物意义上的“人”向社会意义上的“人”转变。《欢乐颂》中五位主人公的一言一行、性格命运与原生家庭有着千丝万缕的联系。一如作者阿耐在2013年小说刚完成时阐述创作背景时所说：“家庭对一个人的成长影响巨大。表现在两个方面：一方面是硬件，比如父母遗传的智商、体质、长相等；另一方面是软件，成长就像海绵吸水，父母的见识、家庭所处的阶层、家庭所处的地域、家庭的经济状况等，直接影响着一个人所受的初级教育。而成熟，是对成长过程所受教育有意无意的反刍与扬弃。”每个人的形象都是以家庭背景为原点向外辐射的，这其中包含着一个家庭对每个成员全方位的潜移默化的影响，如经济条件、家庭成员关系、受教育程度等。

每一个孩子都是家庭的缩影，一个人性格的形成并不只受到父母基因的影响，家庭环境也会影响孩子生理特征和性格的形成，因而透过一个人的行为方式和思想观念、处事态度，这个家庭的亲子关系、家庭气氛也可见一斑。一个幸福的家庭或者贫穷或者富裕，它总是让每个成员感到愉快安稳。相反，一个不幸的家庭，总是有着层出不穷的问题。原生家庭的物质基础影响着个体的发展助力与成长眼界，进而影响其日后择偶的取向；原生家庭的情感背景影响着个体的行为模式与感情需求，进而影响其日后发展亲密关系的情感寄托与表达。

原生家庭：最初的学习基地

根据阿尔伯特·班杜拉（Albert Bandura）的社会学习理论，我们的行为都是通过学习得来的。“替代学习”（vicarious learning）是我们使用最多的方式，即通过观察学习他人的行为和结果，相应地调整自己的行为。发展亲密关系和处理人际冲突的能力也会在社会学习中不断提升。所以，从童年时期开始，我们就已经在学习父母之间和家庭之间的互动交流方式。其中，在父母亲密关系中观察到的经验和方法，很可能影响未来对恋爱关系的基本信念和恋人间的互动方式。

那么在原生家庭中学到的基本经验，会如何影响我们未来的行为呢？答案主要是以下两点：一是父母对子女的养育过程，二是父母的榜样作用。通俗来说，就是父母如何教育孩子以及孩子如何学习父母的过程。

第一方面，在父母教育孩子的过程中，父母和孩子之间的亲密程度、提供的支持和监督以及家庭的冲突都会影响子女亲密关系的发展。家庭联系紧密、父母支持程度高的孩子，在成年早期通常可以获得较高质量的恋爱关系。而且，父母和孩子之间的互动，还可以提供基础的社交技能学习机会。如果父母和孩子之间有足够的情感表达，就可以让孩子积累经验，掌握更多解决问题的策略，并提高自己感受爱和信任的能力。如果父母表现出高热情、低敌意和一贯的稳定性，那么他们的孩子在成年早期与伴侣的互动中也会表现出类似的品质。

第二方面，在孩子观察、学习父母的过程中，父母会起到很突出的榜样作用。父母是孩子的第一任老师，所以父母的恋爱关系不仅会影响子女对恋爱关系的看法，还会影响他们在成年后能否获得信念和能力，从而去建立并维持令人满意的恋爱关系。孩子在小时候对父母的敬仰，让成年的他们很容易去模仿父母的行为，最后拥有与父母相似的亲密关系与生活模式。研究表明，父母婚姻的不稳定性有很高的概率发生代际传递。父母的性格、互动风格及关系交流的技巧方法都会影响到后代。同时，父母的角色榜样也会影响孩子对人际关系的信念。比如，频繁经历家庭破裂与重组的孩子，很容易产生“这个世界上没有长期关系”的想法，这会让他们在做出承诺的时候格外困难。此外，如果父母在孩子青少年时期发生频繁而激烈的冲突，会降低孩子的关系效能，导致其在面对问题与矛盾时缺乏解决问题的自信，最终会导致其在恋爱关系中面临更高水平的冲突和更低水平的幸福感及满意度。

原生家庭：依恋的安全基地

自安斯沃斯在陌生人情境实验中归纳出三种儿童依恋类型之后，大量的研究证明，成人期的依恋风格受到童年依恋类型的极大影响：原生家庭温暖而敏感的互动方式与个体成人期的依恋安全密切相关。早年形成安全型依恋的儿童在长大后的亲密关系中更具有安全感，并且在婚姻中具有更高的调适水平。对原生家庭的心理感受会影响个体的生活。有学者关注生产之后这段特殊时期的婚姻关系，发现在原生家庭中父母如何养育孩子以及如何与孩子相处，可以预测个体成年期怀孕后三个月至生子九个月之间的婚姻状态。父母婚姻关系是否和睦与个体婚姻是否幸福有密切关系，而且由原生家庭关系的质量可以预测个体成年后婚姻关系的质量。有研究表明，原生家庭对子女社会情感功能的影响不仅存在于个体的早期恋爱关系中，还存在于已婚成人当中，这说明原生家庭对个体的影响是长期而深远的。

反过来，如果原生家庭不能提供给孩子安全的港湾，那么这种负面影响会明显表现在孩子成年后的亲密关系中——有时成为偏执的爱人，有时成为过度依赖的爱人，更有甚者成为暴力的爱人。诸多研究指向暴力行为的代际传承，戈弗（Gover）等学者发现童年期是否为暴力行为的受害者，是个体成人后在恋爱关系中是否经历暴力行为的稳定预测源；而目睹父母之间的暴力行为会导致个体成年期的暴力行为，尤其是身体暴力。那些已婚人群的家庭暴力行为受到原生家庭暴力经验的严重影响，而那些没有在原生家庭中获得足够安全感的个体，其不安全依恋水平越高，就越可能成为暴力行为的受害者。

原生家庭：内部模型的形成基地

我们常说："孩子就像一张白纸，你往上面画什么，就会呈现出什么。"这个比喻不仅可用于孩子对养育者的学习和模仿，也可用于孩子与养育者互动中所形成的内部模型。内部模型是指个体头脑中有关外在现实和相关各种可能行动的"小型模型"。基于内部模型，儿童可以尝试各种方法，并总结出最好的一种，以此对还未发生的情况进行反应。而个体内部模型的建立，依赖于它的原生家庭的构成及原生家庭的氛围，比如个体在原生家庭中的依恋对象是谁？在需要的时候是否能够顺利地找到他们？个体期待这些依恋对象会如何对待他？自己在多大程度上被接纳？有研究表明，父母的内部模型对儿童的内部模型的塑造有着重大影响。个体在婴儿时期与父母建立最初关系的过程中，内化了一些源于体验的规则，这些体验使得婴儿在建立内部模型时形成不同的“适应性策略”。比如如果婴儿预测无论自己是哭是闹，都不会得到父母足够的反应，他就会形成回避或者忽视的内部模型，而这样的内部模型会一直延续到其成年的行事风格和亲密关系中。

原生家庭的持续影响

当父母成为孩子优秀榜样的时候，孩子就会努力学习和内化从父母身上学到的经验，比如慎重合理地做出和兑现承诺，妥善地解决冲突。而且，父母不一定要维持婚姻状态，如果在婚姻关系结束的时候，双方仍能保持平静，没有爆发仇恨和冲突，这样的父母也可以为孩子提供积极的信念。当父母无法成为孩子的优秀榜样时，孩子可能会陷入两种境地：那些没有发现父母错误的孩子会直接内化错误的行为方式和思维方法，对不稳定的关系进行模仿，并且认为这是合理的，比如认为世上没有长久稳定可靠的关系；而那些认为父母错了的孩子，会尝试去避免相同的事情出现，从而广泛地试错，幸运的孩子可能寻到健康持久的亲密关系，而大多数情况下，由于没有适当的学习经验和良好的内部模型，孩子会在试错的过程中伤痕累累。

除了父母的榜样作用外，父母的教养方式及亲子关系的质量也决定了孩子如何在他们的婚恋生活中整合父母的影响。例如，在儿童和青少年时期，父母是孩子情感支持的重要来源，缺乏父母的支持、爱和肯定，会对青少年时期的亲密关系发展影响很大。那些对自己和父母关系持负面看法的人，会不断寻求他们觉得自己无法从原生家庭中获得的东西。当父母不在场或不参与时，成年的孩子会更加依恋他们的恋人和伴侣的家庭。当他们感到缺乏父母的爱或肯定时，他们倾向于从伴侣那里寻求这些东西，尤其是在青春期和刚成年的时候。

当人们做出关于他们爱情生活的重要决定时，有些人会牺牲自己的意愿而向关系紧张的父母寻求认可，比如为了得到父母的认可匆忙进入婚姻。在某些情况下，寻求认可是童年产生的消极模式的延伸，他们不断地想要取悦父母，让自己能够符合父母的期望，即使这不是他们自己想要的。而如果父母能够成为成年子女宝贵的建议来源，分享他们的恋爱经验，帮助孩子思考他们当前的恋爱问题，那么更能帮助孩子做出适当的选择，并勇于承担起相应的责任。

总体来说，在孩子学习如何成为好的伴侣时，亲子关系是一个重要的支持来源。如果没有父母的支持，孩子会通过亲密关系寻求情感联结，尤其是在他们十几岁和二十岁出头的时候。当孩子们面临成人的决定，特别是关于婚姻的决定时，有些人会向父母寻求指导。无论他们是否听从建议，父母提供的信息都会影响孩子在他们的恋爱史中做出的决定。

我们应该深刻认识到原生家庭对孩子的深刻影响。积极学习父母的优秀经验，摒弃情绪化的、愤怒的、发泄性的行为和语言。提高解决问题和冲突的能力，改善自己的沟通技巧。如果出生在一个幸福的原生家庭，那么我们应该好好努力发展自己；如果没有这份幸运，也不意味着人生从此没落，我们依然可以在更广阔的地方观察和学习，调整自己的人格发展和对亲密关系的认知，也可以在未来拥有幸福的生活。

学点心理学

【内部模型】

内部模型是一种有效控制认知、情绪的动态结构，是儿童在与父母的行为交互作用过程中发展起来的、对他人及自己作为一个独立个体的价值和受人喜爱程度的心理表征。这种内部模型主要以无意识运行，并且一旦建立就倾向于稳定，并成为未来人际关系的参照。安全型依恋内部模型能够构成一种稳定、可靠的自体感的基础；在母亲离开时，婴儿会将注意力转向过渡性客体，将其内化为一个生动的内部客体以保持一种持续存在的感觉；在成年后的亲密关系中，表现为忠诚和信任。矛盾型依恋内部模型伴随着混乱的自体感的丧失，不允许母亲与自己有丝毫的分离，分离就感到与母亲失去了联结，从而产生焦虑和被遗弃的感觉，内心对母亲的体验是复杂的、矛盾的；在成年后可能成为一个迷恋型或偏执型的恋人。回避型依恋内部模型中，现实存在着的重要客体（母亲）对婴儿来说是缺失、不存在的；婴儿通过过渡性客体向实体母亲封闭了自己，同时也封闭了自己的情绪，实体母亲的存在与否对婴儿来说影响不大；成年后很可能在亲密关系中表现得冷漠和情感淡薄，既感受不到爱也不懂得如何给予爱。

【结构式家庭治疗】

家庭作为一个系统单位，它的整体功能运行如何，常常取决于其结构正常或健康与否。因此，家庭结构是结构式家庭治疗理论体系中的核心概念，占据重中之重的地位，家庭结构是一套无形的或隐蔽的功能性需求或代码，以整合和组织家庭成员彼此互动的方式。家庭结构为理解那些一致的、重复出现的和长期存在的家庭模式提供一个框架。这种互动模式表明家庭为了维持自身的稳定性，以及在一系列变化的环境条件下寻找适应性选择的组织方式。

结构式家庭治疗认为，家庭问题或个体症状的根源在于家庭结构的功能不良，而家庭组织的功能失调是问题存在的主要因素。治疗的目标就是直接有针对性地改变家庭结构，以使家庭能够解决其问题。因此，结构式家庭治疗的目标在于家庭结构的改变，即重建家庭的正常结构，而家庭问题的解决只是整体目标的副产品而已。结构式家庭治疗最大的特点就是，它是一种治疗措施而不仅追求观念的转变，它用行动去改变家庭，而不是借由成员观念上的认识变化来造成改变。它提供一个机会引导家庭成员接受新的体验，并改变家庭组织结构。结构式家庭治疗以行动先于理解的原则为基础。也就是说，由行动带来新的领悟、理解及结构的重新排列。它要求治疗师进入家庭时，对这个家庭一定不要有任何假设或猜想，就是去看这个家庭当下所发生的一切，根据所呈现出的特点，进行评估，再做出针对性的行动。

第四节　为什么我们会恐婚?

一提结婚就想逃，是不是渣男

来访者 Q 先生有一个交往三年多的女朋友，感情和关系都很稳定。眼看年过 30，女方开始明里暗里向他表达结婚的意愿。开始，他总是扯开话题顾左右而言他，后来女朋友急了，给他下了最后通牒，不结婚就分手！Q 先生形容自己是“没有办法，硬着头皮答应了”。在筹备婚礼的这段时间，他对女朋友表现得异常冷漠，结婚的事也基本由女朋友一人操办。一次，女朋友独自操办婚礼场地的事情，中间出了点纠纷，女朋友打电话问他意见，他只冷冷地说了句:“你看着办就行。”后来问题最终解决了，女朋友来到他们约好吃晚饭的餐厅，发现他竟然自顾自地吃了起来。女朋友本来心里就一肚子委屈，看见他居然连吃饭都不等她一起，情绪一下子就爆发了，说要跟他分手。然而，他依然表现得很冷漠，看着女朋友怒气冲冲地离开。可是事后，Q 先生十分痛苦，他说自己很爱女朋友，可是不知道为什么一提到结婚就浑身不自在，于是来向我求助。在询问 Q 先生为什么抗拒结婚时，他先是愣了一下，之后又说出很多理由，比如自己还没有准备好被婚姻套牢，结了婚就要被双方父母催要孩子，可是现在自己正处于事业搏杀期，根本没有时间、精力顾及这些。甚至 Q 先生开始抱怨:“为什么女人一定要结婚才有安全感？我对她怎么样她难道不知道吗？就因为不愿意领那张证，我就渣了？难道就不能体谅我压力也很大吗？为什么要逼我？”可以看出，Q 先生并不是对女朋友的感情不够深厚，但似乎对于结婚特别地恐惧。

R 女士也有相同的困惑，和男朋友恋爱已经快五年了，感情也一直很稳定，父母双方也都期望他们尽快结婚，但是她还是很犹豫，甚至对于结婚有一些恐惧。R 女士的表现与 Q 先生的表现相比要温和很多，但是仍然对于结婚怀有某种恐惧。S 先生也有着类似的恐惧感，他害怕和恋人共度的每一次烛光晚餐般的晚餐，夜色渐晚，S 先生却无法享受这美好的融洽氛围，他时不时地担心女朋友会突然说出“我差点以为你今晚会求婚”之类的话。当想着这些画面的时候，S 先生的世界仿佛都静止了，呼吸也开始急促，手心冒汗，不知道如何才能面对发出如此询问的女朋友，整个晚餐过程中 S 先生如坐针毡，他没有办法告诉女朋友自己一想到结婚就紧张和恐惧。而已婚的 T 同学给出了不一样的在已婚视角下的看法，认为很多时候大家对于婚姻的恐惧不是来自婚姻本身，而是源于对“变化”的恐惧。由于害怕打破现有的美好生活，不愿去做出改变，但是也许真的迈出这一步之后，想法会随之转变。

借 Q 先生等人的案例，我们来谈谈在当今社会并不罕见的一个现象——恐婚。

什么是恐婚

首先需要澄清一个概念，单身、不婚或晚婚并不等于恐婚。随着社会的发展，人们的婚恋观已经向多元化的方向发展，很多人基于自身的条件和意愿主动选择单身、不婚或者晚婚，并且享受这种选择所对应的生活方式，这是无可厚非的。恐婚是特指适婚青年排斥、抵触、恐惧结婚的一种心理状态，表现为逃避婚姻、不敢结婚。事实上，我国目前正处于新中国成立以来的第四次单身潮：第一次是建国初期，新婚姻法废除了封建传统婚姻的一夫多妻制，并鼓励自由恋爱，很多人从妾室的身份中解脱出来或解除了父母之命的形式婚姻。第二次单身潮发生在20世纪70年代末，大批知青返城，城市里迅速聚集起一批大龄单身青年，并以女性居多。第三次单身潮发生在改革开放经历新发展阶段的90年代，由于非集体化改革，大批农村青年开始走出农村，个体意识开始觉醒，同时，由于计划生育政策的导向作用和西方开放的社会思潮影响，选择晚婚、坚持独身主义、性取向开放化的单身青年增加。第四次单身潮为21世纪初至今，这次单身潮的发生与前三次有着不同的社会基础和社会背景，也呈现出不同的特点。比如，主动选择单身的个体趋于普遍化，个体的能动性和自主性不断增强，“为自己而活”开始成为一种生活方式和生活追求。由此可见，我们正在经历的“单身潮”时期，并不是由恐婚造成的，更多的是个体自主意识对生活方式的状态，大批单身人士表示对自己的生活很满意，非常享受自己“单身贵族”的状态。因此，单身/不婚/晚婚是一种生活方式的选择，是一种行为表现。而“恐婚”的关键在于“恐”，是一种内心体验，尽管这种内心体验在相当程度上受到外界环境的影响，然而外因只有通过内因才会起作用。

从宏观到微观：社会变迁、原生家庭、个人追求与恐婚

首先，让我们来看看为什么我们的祖辈没有恐婚现象。诚然，传统社会是没有我们现代意义上的“恐婚族”的，因为当时的婚姻只与繁衍后代、稳固家族地位、财产分配与继承有关，其中个人意愿所占比例极小。所谓“父母之命，媒妁之言”，人们结婚主要依从的是习惯和传统，虽是盲婚哑嫁，却讲究门当户对——婚姻双方的家境彼此相当，人们大多不会因为婚姻跨越社会阶层。而且，传统社会婚姻中的个体没有婚

姻自主权，就没有自主选择带来的责任，进而使得结婚的安排和婚后的生活都有很强的确定性。纵使婚姻出现意想不到的变故，那也是整个家族的责任而并非个人的责任。因此，在传统社会中，没有形成大规模的恐婚现象，普遍存在的反而是“恐不婚”，如果到了一定年龄还不结婚，一定会被戳脊梁骨的。

所以，基于传统婚姻的功能定位，结婚为没有萌生个人意志的个体带来的确定性和安全感，远远大于冲破束缚追求自由的个体需要。然而现代社会系统的各个结构和层次都发生着深刻的社会变迁，经济的商业化、城镇化速度不断加快，劳动力频繁流动，这都促成婚姻功能的变化，进而进一步推动人们婚姻观的变化。人们从传统的“父母之命、媒妁之言”中解脱出来，婚姻成为一种近乎纯粹的个人选择。但这样一来，传统婚姻中由家庭共同承担的婚姻风险现在必须由抉择者自己承担。正如吉登斯所言:“如今，任何人打算同另一个人建立亲密关系都必须卷入风险计算，都必须判断他获得幸福和安全的可能性。”于是人们慢慢发现，自主是自主了，可自主选择权带来的不确定性及个人责任的增加，让人们享受自由的同时也失去了相当程度的安全感，即自由引发的焦虑，这就是我们“恐”的第一个方面，恐惧自主选择所要承担的责任和后果：选择了他，我会幸福吗？如果不幸福，是否就意味着自作孽？如果选择婚姻未必能提高自己的生活质量、也未必能满足情感需求，那我还不如维持现状，至少这样，我就不会选错了。又或者恐惧承诺带来的现实责任，“彼得·潘”综合征并非罕见，在这种综合征中，对成长有着非理性的恐惧。例如，履行经济责任、对自己的行为负责，被表现为对婚姻承诺的焦虑：我能承担起为人夫、为人妇甚至为人父母的责任吗？结婚以后如果遇到了更好的，我还能遵守当初的承诺吗？我能为家庭提供更好的生活条件吗？诸如此类的焦虑叠加在一起，便形成了对婚姻的恐惧。

另一方面，在越来越崇尚个体精神的当今社会，我们习惯和善于保持自己的独立和个性，不想因外界因素改变自己的个体特点。当个人的自我界限被削弱时，会出现对可能的情感窒息的焦虑。婚姻意味着增加甚至变换了一个身份——从此成为别人的丈夫、妻子，别人的女婿、儿媳，未来还将为人父母，所有这些新增的角色都会在相当程度上对独立个体身份造成冲击。2019 年上映、获得 92 届奥斯卡 5 项提名的电影《婚姻故事》讲述了一对中年夫妇离婚的过程：戏剧导演查理和剧团女演员妮可有一段浪漫温馨的相遇经历，本应是令人艳羡的一对佳偶，然而妮可在和自己的离婚律师道出自己坚持离婚的原因时说："婚后，我似乎变得越来越渺小，我是查理的妻子，我不再属于我自己，我的生活只有家里大大小小的事。而突然，事业上的机会从天而降，查理却对此嘲笑不已。只有当他认识到这份工作报酬丰厚的时候，才鼓励我去做，然后让我把这笔钱投资到他的剧团里。这时我终于意识到，他从来没有把我看作独立于他之外的一个人。"可见，个体属性的丧失不仅仅会让人在面临即将到来的婚姻时产生恐惧，也会使处在婚姻之中的人逃离婚姻。

另外值得一提的是，"恐婚族"往往对婚姻关系本身表现出恐惧，这就不得不提到原生家庭的影响。人们可能由于看到婚姻不成功的例子，而对婚姻抱有更谨慎的态度。但真正让人们对婚姻产生恐惧的原因，往往是父母婚姻关系质量不佳。比如"甄嬛"孙俪，就因少年时期父母离异而曾是个不婚主义者，并多次表示对婚姻有深深的恐惧，就连在拍摄《幸福像花儿一样》的时候，邓超三番四次邀请她吃饭，她也一再回绝。我接触的有恐婚问题的来访者，也大多存在原生家庭不幸福的情况，并往往呈现低自尊、人际沟通障碍及抗拒亲密关系等特点。麦克唐纳德（McDonald）等人（2000）在对 90 名大学生进行年轻人婚姻、亲密关系恐惧与性别、宗教、原生家庭冲突的影响的研究中，发现青年人对婚姻的态度确实会受到原生家庭的影响，其中如果青年女性的父亲对母亲有身体侵犯，则她们更恐惧婚姻关系。

恐婚心理——你不知道的那些事

除了以上因素，还有哪些更隐蔽的心理因素会造成人们对婚姻的恐惧呢？

1.“我不配”

对于成功或幸福的不配获得感与童年或过往经历有关。你可能会好奇，怎么会有人回避幸福和成功呢？电影《心灵捕手》中男主角威尔就是这样一个人：威尔是一个数学天才少年，然而他非但没有成为众心捧月的高才生，却甘愿在学校里做一个清洁工，每天和建筑工人勾肩搭背。不仅如此，少年的威尔因为打架、盗窃、殴打警察等种种罪行被判入狱。当他遇到心仪的女孩，起初不敢打电话约会，好不容易确定关系，他却一直害怕女朋友会发现他的缺点而不再爱他。终于在心理咨询师的帮助下，威尔慢慢打开心扉，原来他在幼年时受到父亲的虐待，让他内心认定自己只配生活在社会底层，并且一直恐惧自己的爱人有一天会因为他的不完美而离弃他。幸运的是，威尔在咨询师的治疗之下终于克服了心理障碍，勇敢地奔向自己的爱人。

由此可见，的确有些人内心充满了羞耻和内疚感，在某种程度上，他们觉得自己不值得在事业或生活上获得真正的成功。如果好事降临到自己身上，他们的内心就会出现一个强有力的声音谴责自己的能力不足，这种自我惩罚的力量阻止个体追求和维持个人的成功与幸福。在面对婚姻时，表现为害怕为建立长期稳定的亲密关系而做出承诺。

2. 不安全的依恋关系

不安全的依恋也是让人对婚姻产生恐惧和回避的常见原因。美国心理学家安斯沃斯根据约翰·鲍比提出的依恋理论，做了著名的陌生人情景实验。实验的大概过程是，让妈妈和 12 个月大的婴儿一起到一个充满玩具的、让人开心的房间。首先是妈妈和婴儿共同待在房间里，让婴儿感到身处一个安全的环境之中；三分钟之后，妈妈离开房间只留下婴儿自己；再过三分钟，妈妈回来与婴儿重聚；接着一个陌生人进入房间，并和妈妈交谈；然后妈妈离开房间，只留下陌生人和婴儿在房间里；最后妈妈回到房间。在这个过程中，安斯沃斯发现不同场景下婴儿会呈现不同的表现，有的婴儿在妈妈在的安全环境中能够主动探索环境，比如玩各种好玩的玩具；当妈妈离开即他们感到不安全的时候虽然有哭闹的情况，但当妈妈返回时能够立刻投入妈妈的怀抱寻求安慰，这种表现的婴儿被归类为安全型依恋的婴儿。还有两类婴儿分别表现出对妈妈在场和离开都没有波澜或者虽然对妈妈的离开表现出不舍或害怕的情绪，但当妈妈回来时又抗拒妈妈的安抚。这两类婴儿分别被归类为回避型依恋和矛盾型依恋。回避型依恋的婴儿由于自身的需要总是被拒绝，因此会回避自己的需要。而矛盾型依恋的婴儿对于自己的需要能否被满足非常不确定，因此呈现出既要又不要的特征。

我们举一个例子说明依恋类型对于婚恋关系的影响。电影《春潮》讲述了祖孙三代的家庭故事，郭建波是一名未婚产女的单身妈妈，她女儿郭婉婷平时由姥姥、也就是郭建波的母亲纪明岚照料。身为母亲的纪明岚常年对郭建波恶语相向，埋怨她不正正经经找个男人嫁了。在影片的最后，郭建波的独白中说道："有多少个夜晚我都夜不能寐，我多想躺在母亲的怀里，但大多数时候我躺在了男人的身边。你想让我找一个好男人过体面的生活，我不，我就要你看到我现在的样子。"影片虽然没有展示郭建波小时候的成长环境，但从侧面我们大致可以了解到，郭建波的母亲在生活上对女儿是照顾的，在情感上却是疏离的，以至于郭建波想要寻求母亲的怀抱却不敢表达，成年之后将这种依恋的需求转而投向了男人。这种不安全的依恋导致郭建波不敢建立真正的家庭，而只能辗转于不稳定的恋爱之中，这些都源于她对依恋关系深深的不安全感和不确定感。

3. 分离总令人焦虑

早在 1978 年乔多罗（Chodorow）的研究就指出，一些最原始的被遗弃的恐惧似乎与童年早期遭受的创伤有关。未被确认和未解决的童年创伤可能引发对做出承诺的非理性恐惧和焦虑。在这方面，严重的童年创伤可能会导致一种保护性的情感隔离，这干扰了亲密关系的发展，并使人们在做出长期承诺时产生矛盾。比如案例中的 Q 先生，在咨询初期，Q 先生承认自己对婚姻扭扭捏捏的态度是由于害怕责任以及不想被改变。然而随着咨询的进一步深入，咨询师发现，在结婚前的逃避行为是他重复出现的行为模式。在这个女朋友之前，他的前两任女朋友，也是在临近结婚的时候由于他突然的冷漠态度而最终导致分手。后来我们终于将他这个“耐人寻味”的行为模式和他的童年经历联系起来：原来，在他两岁左右的时候，妈妈因工作需要常驻外地，只有探亲假的时候能够回来看望他。每次妈妈回来他都充满期待，然而每一次当他感到妈妈最亲近最呵护他的时候，第二天妈妈就会突然不见了。原来妈妈在探亲假的最后一天总是对他格外温柔，但第二天临走怕他哭闹又总是不辞而别。这样的行为在他幼小的心里留下了一种没有进入他理性和记忆的感受——凡是他爱的人做出进一步和他亲近的行为，很快就会离他而去。于是带着这种无意识的恐惧，Q 先生总是不自觉地做出某些行为拒绝与人发生更为亲密的关系，这就是典型的“因为害怕被拒绝而率先拒绝”。这就符合上述提到的早年形成的对客体丧失的恐惧导致成年后害怕对亲密关系做出承诺的鲜活案例。

恐婚很复杂，我能做点啥

以上我们提出了导致恐婚的各种可能原因，而对于如何应对“恐婚”的情绪，答案已经隐藏在这些可能的原因之中。我们对婚姻的恐惧，有可能是基于现实的状况，比如对于经济负担、法律纠纷、伴侣忠诚的担忧；也有可能是对未来不确定的恐惧，比如承担责任或改变生活方式；还有可能是更加深层次更加隐蔽同时也更加个性化的心理因素作祟。比如Q先生，明明很爱自己的女朋友，却因为童年的创伤无意识地主导了自己的行为，从而差点错失爱人，这是我们希望大家都能避免的状况。据此，我们提出以下几点应对建议。

1. 认识婚姻的现代功能及对个人的意义

家庭是社会关系的基本单位。随着社会的发展，家庭关系由以血缘为核心的传统大家族模式逐步转变为以夫妻关系为枢纽的小家庭模式，婚姻更少涉及家族使命，而更多与个人的情感需求有关。我们天生需要客体的爱，并由此滋养出自己爱的能力，如果父母作为养育者是我们成年以前客体之爱的最大来源，那么成年以后，伴侣就是这种爱的延续。婚姻是以法律承认的形式固定了我们与伴侣的联结，在相当程度上保障了这段关系的稳定性，当然也在一定程度上牺牲了自由。但要分清是个人主动追求的积极自由还是因回避而导致的消极自由，就需要对自己真正的追求有更深层次的了解。

2. 做好人生规划

现代社会的飞速发展，确实带来了前所未有的生活压力，与结婚相关的“房子、车子、票子”等似乎已经成为观念上的标配，无疑让适婚青年无所适从。这是现实，而且并不能通过简单的方法迅速解决，但我们需要警惕的是因噎废食，面对各种各样的现实压力，我们应该做的是规划好自己的人生，而不是让婚姻本身背锅。不必过早为自己贴上不婚主义者的标签，更不必因为认定“结不起婚”而否定自己的能力和价值。将与所爱之人的未来纳入人生规划，有助于我们收获更美满的生活。

3. 修复童年创伤，寻求自我完善

我们在前文讲述了很多因无意识的童年创伤导致成年后对于亲密关系承诺的恐惧，这在临床中并不罕见。这是因为儿童由于本身力量的薄弱及认知发展尚未成熟，对于成人很正常的事情却会对儿童造成打击并形成创伤体验。应对这种创伤体验的方式可能是无意识的，并且对于成年后面对的情境是不适当的。认识并修复自己的童年创伤，能够让我们不过度受到无意识防御的支配，从而更加真实地面对当下的情境，做出更忠于内心的选择。

需要重申的一点是，我们对于多元化的婚恋观念持有接纳和包容的态度——无论选择单身、不婚还是晚婚，只要让人们感到幸福都是值得称颂的选择。本文讨论的话题是希望人们在面对婚恋的时候，能够以更加理性的方式进行考量，不要受到不必要的、过度的心理障碍的影响从而错失把握幸福的机会。

现代婚姻制度当然不是完美的，但不可否认的是，它以一种目前最适宜我们人类社会发展的形式存在着。就像我们从来不认为自己会找到一个完美的伴侣，只是想寻一个适合自己的人。“不完美但适合”本身就是最好的礼物，我们可以不接受这个礼物，却没有必要恐惧这个礼物。无论是恐婚还是恐惧别的什么东西，能够治愈自己的恐惧，就是我们成长的重要标志。

学点心理学

【分离焦虑】

分离焦虑是精神分析中的一个重要概念，通常指面对自身重要关系受到威胁或中断时，个体感受到的痛苦的恐惧感。由于婴儿处于一种无助的状态中，对他人的生理与心理依赖构成了婴儿最初的存在，这使得早期客体关系成为婴儿不可或缺的一部分。当婴儿逐渐成长，逐渐意识到自己与他人相区别，于是产生了对分离及丧失客体的恐惧，儿童可能体会到被遗弃、受挫、愤怒或绝望并形成不同程度的焦虑，如果焦虑过于强烈，就会被驱逐到潜意识中。在成长的过程中，这种焦虑可能会被有关“分离”主题的情境重新唤醒，并使个体形成“异乎寻常”的心理或行为反应。

第三章

【行为主义】用行动让恋爱更甜蜜

我们所做的任何事情和我们自身，都是由奖励和惩罚的历史所决定的。

人们以为自己知道自己行为的原因是什么，其实许多行为的原因人们并不知道。

——伯尔赫斯·弗雷德里克·斯金纳

（Burrhus Frederic Skinner）

第一节 如何向伴侣提出需求？

在亲密关系中，很多人明明有很多想法，却不懂得如何向伴侣表达。他们会被动地让伴侣去猜测自己的想法，或者期待着伴侣主动去做符合自己心意的事。这样的想法往往难以实现，也会让伴侣感到疲惫，经常性地发生则会影响伴侣之间的感情。下面我们就来谈谈，如何向自己的伴侣提出合理的需求。

渴望心有灵犀，但总是无法实现

小 A 对自己和男朋友的关系有很多困惑：她觉得男朋友不知道自己想要什么，与自己不够默契，这让小 A 很不满。比如小 A 提到，自己刷短视频的时候，看到有主播在吃日料，看着鲜美的日料，自己十分想尝试，也顺便把日料的视频分享给男朋友看，但男朋友也正刷着自己的游戏直播，只是简单应付了几句，这让小 A 心里略有失落。过了一会儿，二人约定去吃东西，男朋友问想吃什么时，小 A 本想提刷到的日料，但是又想尊重男朋友的意见，所以表示吃什么都行，让男朋友定，男朋友还是和往常一样带小 A 去吃了平时喜欢的火锅，小 A 觉得男朋友不懂自己，吃饭的过程中一直闷着气，也很少主动和男朋友聊天，男朋友也不清楚刚刚发生了什么，只是给小 A 夹菜希望她开心一点；还有一次，小 A 出差，拎了很大的箱子，男朋友说要去接她，小 A 犹豫了一下，跟男朋友说不用接，让男朋友安心工作就好。小 A 到站的时候是晚上八点多，出站后拎着大箱子，还背着包。小 A 已经汗流浃背，脚底都要磨破了，但还是半天没打到车。她本是希望男朋友能来接自己的，但是自己说了不用接，想不到男朋友就真的没有来，这让小 A 觉得有些失望，一路上都在抱怨，之后见到男朋友，一直给男朋友冷脸，男朋友不知道怎么回事，还一个劲儿夸小 A 独立，让小 A 心里很不是滋味。此外，小 A 希望男朋友在节日能送自己漂亮的玫瑰花，希望男朋友平时能主动拖地或打扫好卫生等，但她往往用责备或者命令的语气来表达，这种语气让男朋友心里有些不舒服，认为小 A 没有考虑到他工作繁忙。男朋友有时候做得不够好，比如没有给小 A 买花，打扫只是扫了一部分，并说拖把不好使，自己上班也很累之类的话，这都让小 A 有些扫兴。

由此可见，小 A 在与男朋友的交往中，通常不直接表达自己心中的想法，觉得要是自己主动提出了要求，男朋友如果不答应，会很没面子。但是当男朋友没有满足自己的需求时，小 A 又会觉得很失落，认为男朋友不够贴心，对待男朋友的态度也是不冷不热的。男朋友也感觉小 A 总无缘无故生闷气，还责备自己，于是心里也对小 A 有意见。时间久了，小 A 感觉男朋友也不像以前那样关心自己了，近期和自己保持了一些距离，不够亲密，这一切让小 A 感到痛苦，她不知道该如何在亲密关系中表达自己的需求，因此她到咨询室寻求帮助。

靠猜，双方都很累

有很多人都和小 A 一样，在亲密关系中，明明有很多的需求，却不知道该如何提出和表达。和其他的关系相比，伴侣之间是更加亲密的。双方很大程度上是因相互吸引而在一起的，自然而然也会更希望对方能够懂自己内心的想法。现实生活中，很多人在一起时，也愿意让对方猜自己的心思，认为这样才是真的心灵默契，心有灵犀。但毕竟每个人都是独特的个体，我们无法直接且准确地知道对方在想什么。如果不能合理地表达自己的需求，一直让对方猜测自己的想法，日积月累，伴侣双方都会陷入耗竭，可能对这段关系失去热情和兴趣，增加双方的不满和距离感。

无法表达需求的原因

1. 担心给对方添麻烦

一些人在亲密关系中会思考得更多。比如考虑自己的需求会不会惹对方不高兴，会不会给对方造成麻烦，等等，因此会压抑自己的需求。殊不知，这样反而给对方增加了麻烦。因为需求依然是存在的，当没有主动表达出来时，内心会更希望对方能主动发现并满足。这便在不知不觉中给对方提出了更高的期待，而期待一旦没有得到满足，就会更加失落。这种情况可能源自幼年时期，在表达自己的需求时，父母或他人所说的话，让他们感到自己是个麻烦，或者显得自己不够好。如果对方能够非常坚决地表示要去做，他们才更容易相信对方的诚意。选择不主动表达对他们而言可能意味着不会产生麻烦，但他们的内心是失望、不满意的。小 A 就是如此，她内心很期待出差回来时男朋友能来接自己，嘴上说不用接，心里却一直有期待，而这种期待的落空，让小 A 无形中对男朋友失望，进一步影响了对男朋友的态度和彼此之间的关系。

2. 希望掌握关系中的主动权

一些人觉得，如果自己向对方提出要求，就相当于把“同意”或“拒绝”的选择权给了对方（Tugend，2007），这可能让他们感到丧失了主动权，产生强烈的不安全感，而如果对方主动提供，或者猜测自己的想法，他们便掌握了是否接收的权力。在亲密关系中，那些曾经（尤其是童年时期）被充分给予过的人，是不害怕暂时失去主动权的，而那些在成长过程中没有被充分给予，家长常常否定他们的要求或者之前的伴侣也忽视他们的人，往往会更在乎关系中的主动权，他们拒绝告诉对方自己想要什么，一定程度上是为了掩盖或回避内心深处的不安全感和恐惧感，但越是这样，越容易造成关系中的阻碍。

3. 希望伴侣对自己的需求负责

每个人在成长过程中，都在逐渐形成对自我的认识，其中符合社会要求的需求、想法等，会被纳入自我的系统中，不符合社会要求的需求则会被排除，无法自然地表达出来（Sullivan，1953），而是等待对方为自己的需求主动买单。比如小 A 的妈妈以前说过“女孩子主动要东西会让对方看不起”，所以虽然小 A 很希望男朋友能送自己花，却从来没有表达过，只是等着对方主动给自己买，如果对方买了花，小 A 会很高兴，但是对方没有买，小 A 会怪对方不懂自己的心，做得不够好，这实际上是将满足自身需求的责任转嫁到了对方身上，会让人产生疲惫感。此外，根据主张互动行为主义的欧文 · 戈夫曼（Erving Goffman）的观点“为了满足道德与连续性的基本要求，我们在一种根本性的幻觉中受到激励”可见，道德也在无形中影响着我们对需求的表达，有的时候总担心自己的需求是否违反了社会道德，打压下需求后，我们便在内心默默希望对方能够为我们的需求主动负责。

4. 担心期望落空

亲密关系中，很多人害怕表达自己的需求，因为他们担心自己的需求无法被满足或被忽视。小 A 没有直接向男朋友提出需求，可能也是担心男朋友会以工作繁忙等理由推脱，导致内心的希望被泼一盆冷水，于是便压抑自己的需求。关于担心期望落空，还可能和自己对他人的要求较高有关，对他人要求高了但是对方却达不到我们的要求，所以会对他人渐渐失去信任，担心需求无法被满足。

如何在亲密关系中恰当地表达需求

在亲密关系中，我们应该学会合理地表达自己的需求，下面一些方法可以作为参考。

1. 理性看待需求

首先，我们需要摆正自己的态度。不说出自己的需求，并不会让自己在关系中拥有更多的权力或更安全，只会让事情变得更糟。案例中的小 A 后来也意识到自己也存在问题，对方没有读心术，不可能从自己的一句话、一个表情或一个眼神中明白自己的需求，而这样也会让自己产生更多的失望。在有需求的时候，明确地表达出来，让对方直接、准确地了解自己想要什么，才更容易实现自己的目标。

2. 识别自身需求

在表达自己的需求时，我们应该先想清楚以下几个问题：

· **是什么？我需要的是什么？**有的时候，我们对于自己的需求并不是很明了，在表达的时候就有些含糊不清，让对方感到难以理解。比如《红楼梦》中第二十七回中提道：“宝玉……早存了一段心事，只不好说出来，故每每或喜或怒，变尽法子暗中试探。那林黛玉偏生也是个有些痴病的，也每用假情试探。因你也将真心真意瞒了起来，只用假意，我也将真心真意瞒了起来，只用假意，如此两假相逢，终有一真。其间琐琐碎碎，难保不有口角之争。”大意是指，宝玉心里想“别人不知我的心，难道你就不知道我的心里只有你吗？”，而林黛玉心里想着“不叫我近你，有意叫我远你了”。黛玉和宝玉，他们需要的都是对方的情感和在乎，但是有一段时间里却彼此都没有表达出自己的想法，使得双方都感到痛苦并疏远，后来宝玉对黛玉倾诉肺腑，两人之间的心意明了之后，之前的痛苦和隔阂便瓦解了。我们再看小 A，小 A 和男朋友在吃饭上的纠纷，也是同样的道理。小 A 需要的其实不是到底吃什么，而是需要让男朋友知道自己在想什么。

· **为什么？我为什么需要它？**我们得明白，这个需求对自己来说意味着什么？我为什么会有这个需求呢？如果实现不了，会怎么样？会有什么影响？就像吃饭是因为饿了，如果不吃就会饿坏身体，所以我们应该规律饮食。想要说服别人，就必须先说服自己。理清自己的思维，让自己的需求变得坚定起来，如此一来，在表达自己的需求时，也会变得有底气。

· **怎么做？如何满足这种需求？**我们得知道，在什么时间、什么场合，提出相应的需求会更容易实现。比如在空闲的时候安排旅游，在资金充裕的时候添置物件。然后，我们需要规划一下自己表达需求的过程，和对方解释清楚，让自己的需求和理由能够完整地传达给伴侣。

· **还有其他的可能吗？**我们向伴侣提出了要求，会得到同意或不同意的回应，也可能得到其他的替代回答。如果要求得到同意那么自然是皆大欢喜，如果被拒绝了也不要心灰意冷，人生不是要什么就有什么，短暂的不满足可能是因为现实条件的限制，也有可能是伴侣状态不允许。要将需求被同意或拒绝，都纳入考虑的范围。

通过以上问题列出“识别自身需求清单”（见表 3-1），可以让我们更清晰、坚定地表达自己的需求，同时在没有获得满足或遭到拒绝时，可以继续坚定地认同自己，在之后的生活里，让自己的需求获得满足。

表 3-1 识别自身需求清单

是什么？我需要的是什么？	为什么？我为什么需要它？	怎么做？如何实现这种需求？	还有其他的可能吗？
1.	1.	1.	1.
2.	2.	2.	2.
3.	3.	3.	3.
4.	4.	4.	4.
……	……	……	……
……	……	……	……

3. 通过情绪信号识别需求

当我们对自己的需求进行判断时，可以通过情绪信号来帮助识别。如果需求得到了满足，那么我们会产生幸福感等积极的情绪，如果我们的需求得不到满足，就会出现负面情绪。

情绪聚焦疗法的创始人格林伯格（Greenberg）提出，人的情绪可以分为原发情绪、继发情绪和工具性情绪。其中，原发情绪指的是最原始的本能情绪，有一定的适应作用，如果原发情绪适应不良，在之后的相似情境中就会被触发。例如，人的童年需求如果没有得到满足和回应，会容易产生如羞愧、悲伤、担心等情绪。继发情绪指的是，在经历了认知层面后，对原发情绪所做出的情绪反应，是时间上的第二波情绪。举例来说，原发情绪可能会产生愤怒的继发情绪，这种愤怒就是来掩盖在没有人回应需求时产生的悲伤和无助的。小 A 的表现也体现了这一点。节日没有收到男朋友的花，对男朋友发火，双方在愤怒的层面进行的沟通是无效的，小 A 的原发情绪没有得到真正的缓解。工具性情绪则是将自己情绪的表达作为一种达到目的的手段。例如，在小 A 和男朋友在打扫卫生时的矛盾中，男朋友只打扫了一部分，认为是扫把不好使，这是在使用工具性情绪来表达对小 A 的不满，更激化了双方的冲突。

由此可见，我们可以通过了解自己和伴侣的情绪，进一步了解彼此的需求，从而掌握相处的方法。具体而言，当发现过激的情绪信号时，我们应该先理清自己的情绪，然后根据当下的情况，向对方合理地表达自己的需求。如果男朋友当时的情绪较为稳定，小 A 可以跟男朋友直截了当地说：“因为在纪念日没有收到花，感觉有些难过和失望，下次纪念日，希望可以收到漂亮的花。”

4. 学习心理学效应，提高沟通、请求技巧

我们可以通过广泛的学习已有的知识来很便捷地提高沟通交流及提出请求的能力。心理学相关的知识，“登门槛效应”“留面子效应”“滚雪球技巧”等都被证明是行之有效的。“登门槛效应”指的是个人接受了一个小的需求后，为了避免认知上的不协调，或想给他人留下前后一致的印象，很可能接受一个更大的需求。比如小 A 希望男朋友打扫家里的卫生，但很难一下子让男朋友全部接受，便可以先提出让男朋友拖地的需求。“留面子效应”是先向他人提出一个很大的需求，在对方拒绝之后，紧跟着提出一个小的需求，这时候小 A 的需求被满足的可能性就会增大。“滚雪球技巧”是指最初的需求被他人接受之后，又告诉他人自己的需求被低估了，并提出新的需求。在日常生活中，可以灵活使用这些效应和技巧，帮助我们更好地向伴侣提出需求。

5. 在互惠的基础上合理表达需求

舍曼（Sherman）提出了一个模型，认为每个人都在人际关系中接受和给予，当每个人达到更高层次的社会心理成熟度时，就能够在更高层次的接受、给予和索取中有更好的表现。婴儿或成人自恋者的自私需求主要表现为原始的接收水平，对他们而言，给予则需要更高程度的成熟。为了在互惠的基础上合理地表达需求，我们需要承认别人是主体而不仅仅是客体，同时要有一种健康的个人权利意识。其中，社会心理成熟度的提高包括自我和他人意识的发展，对他人的敏感性和同理心，关注和关心自己和他人的内心世界。由此可见，成熟的个体之间的索取和给予，是建立在双方互惠互利的基础上的，即在表达自己的需求时，让对方的需求在一定程度上也得到满足，这样对方会更愿意满足自己的需求。其中，面对面的互动往往能够让这种互惠互利体现在物质、情感、价值等多种因素上。如果小 A 向男朋友表达自己需要对方开车来接自己，一方面能满足自己的安全感需求，另一方面也能体现男朋友的价值，满足对方在乎自己的情感需求，双方一起回到住的地方，相信会让彼此心情更好。在具体提出需求时可以把对方考虑在内，让对方感受到双方的需求都被考虑进来，可以使用如下一些句式，比如“我想要……，我相信你也能得到……”，而不是纯粹考虑自己的句式“我要……”“我希望……”。表达需求的语句应该直接、清晰，而不是含蓄、委婉，要多表达感谢，让双方都感到这样做是值得的，是美好的。

6. 理清边界表达需求

生活中我们在表达需求时，往往离不开边界这个概念，比如小 A 希望丈夫帮忙做家务，这说明在小 A 眼中，做家务是两个人的事情，二人之间不应该划分明显的边界，也许在某些男人眼里做家务是女人的事，两人对于边界的划分不同，往往使得需求不被理解或被拒绝。此外，小 A 用命令的语气让男朋友打扫家务，属于触犯了男朋友的边界，比如打断了男朋友手头的事情。所以，我们需要在尊重他人边界的基础上合理地提出需求。比如主语用“我”而不是“你”更能避免冒犯他人的边界，比如恋人一起吃饭，对方吃饭声音非常大，如果我们直接说“你能不能声音小点”往往会引起对方的反感，不如改成“不好意思，我有点不太习惯这个声音”，主语从“你”到“我”的切换，可以增加对别人心理边界的尊重，相对容易让人接受。

通过强化改变行为，满足需求

在亲密关系中，可以尝试运用行为主义中的强化来增强自己或他人的行为。这里的“强化”指的是一种促进某种行为的刺激，达成某个目标后，获得的这种刺激能使人们增加该行为的频率，实现“行为塑造”（Ferster，1957），通过积极寻找机会，满足自己的需求。具体而言，可以描述在自己或他人身上，想要开始或增加频率的行为，公式如下：

强化物 = 可以增加行为频率的行为后果

在这个公式中，正强化 = 正向结果（即奖励），一个人想要、喜欢、愿意努力获得的结果，会增加行为的频率。

举例：主动向伴侣表达自己的需要和想法，目标实现后，可以鼓励自己看喜欢的电影或吃喜欢的食物等。

负强化 = 移去负向事件（即减轻压力），即对个体来说，停止或减少负向事物时，会增加行为的频率。

举例：减少向伴侣的抱怨和指责，双方可能更容易贴近和理解彼此。

合理地使用正强化和负强化很重要，一味地使用相同的强化物时间久了可能也会达不到预想的效果。

行为塑造 = 增强朝向目标行为的小步骤

在这个公式中，可以增强每一个朝向目标行为的小步骤，当新行为稳定了，在强化之前，每次要求多一点，之后持续进行行为塑造直到达到自己的目标行为。

举例：饭前，可以温和地向伴侣说，今天我做了饭，你负责洗碗好不好；当伴侣习惯饭后洗碗后，可以给一些鼓励和强化；之后和伴侣一起分担一些打扫等家务。

在增加想要行为的过程中，时机很重要，一般来说，行为发生时，在合理的不伤害他人利益的情境下，可以马上增强行为。在塑造新行为时，首先要增强每次发生这种行为的情况。当行为被建立后，可以改为偶尔的增强。

下面是强化改变行为的练习表（见表 3-2），在亲密关系中想要向伴侣提出自己的需求，尝试运用强化来增加自己或他人的行为时，可以使用该表。

表 3-2　强化改变行为练习表

1. 首先，确定你想要增加的行为和你将使用的增强物	
对自己	要增加的行为：
	增强物：
对他人	要增加的行为：
	增强物：
2. 描述你使用增强行为的情境	
对自己：	
对他人：	
3. 结果为何？你观察到什么？	
对自己：	
对他人：	
4. 之后你有什么感受？	
5. 下一次你会有不同的想法或做法吗？如果有，是什么？	
6. 如果后续还要继续使用增强物，你认为应该注意什么？	

亲密关系中，很多人往往不明确地说出自己的需求，可能是因为不想给对方添麻烦，或者是担心被拒绝没面子，想在亲密关系中把握主动权，也有的人希望对方能够了解自己，主动给自己想要的，渴望心有灵犀一点通。但是这样往往会造成情绪和亲密关系的困扰，让双方都很累。一段稳固长久的亲密关系，需要伴侣之间彼此平衡的付出，我们可以通过识别自己的需求和情绪信号，学习相关的知识，学习心理学效应、强化和行为塑造等来改变行为，合理地表达需求。在这个过程中，要充分考虑对方的意愿，及时表达谢意，了解彼此、拉近距离、增进感情，从而让双方都为关系真心付出，彼此坦诚相守。

学点心理学

【操作行为主义】

操作行为主义（operant behaviorism），是指运用操作主义观点研究行为规律的行为主义，创始人为斯金纳，原理是操作–强化理论。斯金纳将行为分为两种：应答性行为和操作性行为。应答性行为由先行刺激引发，是对刺激物的回答，行为较被动，操作性行为是有机体自发操作的行为，行为主动，代表着有机体对环境的主动适应。斯金纳认为，人类的大多数行为都是操作性行为，操作性条件反射的建立依赖于两个因素：操作及其强化，即“如果一个操作发生后，接着给予一个强化刺激，那么其强度就增加”。斯金纳认为，人在周围环境中所形成的很多技能和特点，都涉及操作性条件的作用，例如，孩子偶然表现出的行为受到表扬后，以后在类似情境中就倾向于更多地表现这种行为。“所谓的人格不过是一组反映强化史的行为模式”（叶浩生，1994）。强化物可以分为两类：一类为积极强化物（正强化物），另一类为消极强化物（负强化物）。积极强化物是指与操作性行为相伴随的刺激物，它可以增加操作行为发生的频率，消极强化物是指与操作性行为相伴随的刺激物从情境中被排除时，可以增强这种反应。通过强化促进人类行为的习得和保持具有重要意义。

【行为塑造】

行为塑造是指通过强化手段，矫正人的行为，使之逐渐接近某种适应性行为模式的强化治疗手段。行为塑造法是根据斯金纳的操作条件反射研究结果而设计的培育和养成新反应或行为形式的一项行为治疗技术，是操作条件作用疗法强化原则的有力应用之一。在行为塑造过程中，要多采用正强化的手段，一旦所需的行为出现，就立即给予强化，一直达到出现一种新行为为止。比如小 A 希望男朋友分担家务，每次男朋友家务做得好就送他一件礼物，慢慢地男朋友就会逐渐养成定期做家务的习惯，这是一种利用正强化的行为塑造。

【惩罚】

与强化相反的是惩罚，其导致的有机体变化和强化是相反的。当个体做出一种反应后，如果呈现出厌恶刺激或不愉快的刺激，个体今后就会减少这种反应的出现，甚至是不再出现，这个过程就是惩罚。斯金纳的惩罚更多强调具体的刺激，目的是帮助个体减少或消除一些不良行为。惩罚也分为正惩罚和负惩罚。

正惩罚，也叫呈现性惩罚，强调的是给予个体一种厌恶刺激，促使个体的行为反应减少或降低，比如给予批评、关禁闭等。

负惩罚，也叫取消性惩罚，强调消除或撤销个体喜欢的一种愉快刺激，促使个体行为反应减少或降低，比如禁吃肯德基、不准看电视、不准玩游戏等。

【消退】

消退指的是消除强化从而降低或消除个体的某种行为反应。比如小 A 希望男朋友来接她回家，但是没有表明需求，男朋友夸小 A 独立，但是小 A 并没有理会，就是一种消退。消退有时需要配合着强化一起用，才会有好的效果。

第二节 如何处理亲密关系中的冲突?

在亲密关系中，不光有美好、开心和幸福，还会不可避免地面临情绪上的波动，比如排斥、嫉妒、厌恶、烦躁等。所以就算双方是亲密关系，也会不可避免地发生争吵，最后两个人可能在不断的分分合合中互相消耗……为什么亲密关系中的双方总是吵吵闹闹、分分合合？下面，我们将结合两个案例，来看看拥有亲密关系的伴侣之间为什么会经常出现冲突，以及如何处理亲密关系中的冲突。

吵着吵着，彼此的心都累了

小 M 最近遇到了这样的困扰：她和男朋友是中学同学，彼此熟悉，相互欣赏，都是独立、有主见的人。后来慢慢走到了一起，距今已有三年多的时间。在刚开始相处的日子里，两人保持着很好的感情，相互欣赏优点，相互倾听。然而，随着关系的深入，小 M 发现自己和男朋友都很固执。在日常生活中，小矛盾开始增加，两人总是互不相让，常常陷入“辩论”的紧张氛围，由于双方胜负心都很强，都不愿意退一步，所以感情变得很糟糕，关系也紧张了起来。

“不知道为什么，我们总因为各种各样的事情吵架。”小 M 感到非常迷惑和焦虑，“上周我们出去吃饭，就因为选哪家餐馆、吃什么东西而吵了一架……两周前，因为以后在哪个城市工作生活，我们冷战了好几天……三周前，因为双方家庭的意见不统一，也大吵了一架。”小 M 目前和恋人之间总是会吵架，大到未来的工作生活方向和规划，小到有关一日三餐等鸡毛蒜皮的小事。而且，吵架没有胜利者，每次吵完架，两个人都难过，也不知道如何收场。长期下来，关系氛围中笼罩着一层阴云，让人窒息。随着两人关系的紧张，小 M 对男朋友也逐渐形成了一些“评判”，比如觉得他对生活琐事就是不上心，也常常难以专心倾听自己的心声，常常表现得不耐烦。

不断的争吵，使小 M 感受到了前所未有的危机，觉得自己的恋情是在朝着不好的方向发展，很担心他和恋人之间的感情被无尽的冲突耗竭。甚至开始觉得自己和男朋友的亲密关系将要走到十字路口，他们的未来很难再往好的方向发展，最终会走向破裂。

冲突是猛虎野兽吗

“情人眼里出西施”“郎才女貌、百年好合”都是很经典的老话。这些话都在说同一个道理：只要遇到了对的人，美好的感情就水到渠成。然而亲密关系中的冲突是无法避免的，美国著名婚姻问题学家温格·朱莉（Julius Wenger）在其《幸福婚姻法则》一书里曾这样说过：“即使最幸福的婚姻，夫妻双方一生中也会有 200 次离婚的念头和 50 次想掐死对方的冲动。”这句话就生动地表明了伴侣之间发生冲突的普遍性。国外许多学者对亲密关系中的冲突频率进行了研究，让恋人们每天记录亲密关系交往情况。结果显示，平均每周会发生两三次冲突；而处于关系中的恋人每两周就会报告多达 7 次印象深刻的“意见差异”，每个月都会经历一两次“不愉快的争论”，并且这一比率在历时 3 年的长程研究中未发生变化。

小 M 和男朋友之间的冲突是大多数恋人都会遇到的情况。当关系中一方的想法或愿望与另一方不同时，就很可能会发生冲突。事实上，妥善处理的冲突可以让双方更了解对方，促进两人之间的凝聚感和付出。冲突是人们在亲密关系中的一种常见的互动状态，在亲密关系全程都会存在，因为世界上没有两个想法完全一样的人，我们应该以平常心视之，而不是将其视为洪水猛兽。

为什么明明彼此关系很和谐，也会出现冲突呢

无论情侣双方的关系多么和谐，都会发生分歧与争执。有冲突并不意味着两个人不适合。出现冲突可能有以下几个原因。

（1）伴侣之间出现了权力争夺。生活中的很多事情是没有对错之分的，比如平日里吃什么，穿什么。引发争吵的原因之一是谁的主张可以“获得胜利”。胜利的一方会感觉自己有影响对方或改变对方的能力，暂时获得关系中的控制权。

（2）自主性和依赖性的矛盾。比如，在本案例中，小 M 和男朋友都有保持自主性的需要，也都依赖着这段关系提供的支持和保障。独立和依赖是互相矛盾的，通常在亲密关系中感到不够亲密时就会追求依赖，感到不够自由时就会追求独立。两人能同时平衡好自主性和依赖性是很难做到的。当两人在某个时间点所追求的目标不同时，就会发生冲突。

（3）归因偏差。行动者 – 观察者效应表明，我们通常会认为自己的行为会受到客观因素的影响，却会低估客观因素对他人行为的影响。这会导致感情中的双方对一件事产生不同的解读，却都认为自己的看法是客观公正的，进而引发归因式冲突。在亲密关系中最典型的例子是一方因为工作原因没有及时接电话或回消息，而另一方却认为对方不在乎自己甚至怀疑对方移情别恋。

（4）伴侣状态的不同——稳定与变化。这种状态不仅仅是心理上的不同，比如有的人希望和伴侣一直维持当前的关系，保持原样，另一些人喜欢兴奋和刺激，希望多一些新鲜感。实际上这里提到的状态差异也指双方人生阶段的不同，当两个人的人生出现较大的阶段性差异的时候也容易产生冲突。比如一个人正处于上升期，一个人正经历低谷，再或者两个人都陷入低谷和困境中自顾不暇等，这些都会导致双方的冲突。

激发冲突的压力源

那么，究竟是什么事情引发了冲突呢？社会心理学家唐纳德·彼得森（Donald Peterson）发现，夫妻双方在任何问题上都可能发生分歧，比如怎样度过相处的时间，怎样管理金钱，怎样处理与对方亲人的关系，夫妻生活的频率和方式，怎样分配家务，双方情感表达的方式，甚至是如何教养孩子。为了便于理解，彼得森把激发冲突的 140 多种压力源，分成四个类别。

（1）**批评**：指伴侣认为对方的言语和非言语行为是在表达对自己行为、态度或特质的不满。比如：丈夫在拖地时，妻子提出用新买的拖把拖地更干净，这本是一个温和的建议，但如果丈夫将这解读为一种批评，是妻子在指责自己拖地拖得不干净，丈夫会因此感到受伤害，甚至起冲突。

（2）**无礼要求**：指要求者一直批评、唠叨、向另一方提出要求，而伴侣逃避正面接触、退避，主要体现为不公平的索取与要求，超过了彼此的正常期望。比如：妻子连续加班很晚才到家，回到家时，家里碗筷没刷，衣服没洗，丈夫此时正瘫坐在沙发上打游戏或看电视，所有这些家务都在等着妻子回来收拾，这种态度就是在要求另一方做事，这会让妻子非常恼火。

（3）**拒绝**：指一方请求另一方做出期待的反应，而另一方没有像预期的那样行动。这种拒绝可以是直接口头的，也可以是间接通过行动表现出来的。比如：在本案例中，小 M 选择了一家餐厅，而其男朋友却认为性价比太低，于是拒绝了她的选择；或者在婚姻生活中，夫妻一方在接收到自己伴侣想要亲热的暗示后，在床上翻了下身又睡着了，伴侣就会感到被拒绝。

（4）**累积的烦恼**：指相对轻微的事件的不断累积和重复产生冲突。不断增加的“柴火”会让“火气”越来越大，最终爆发。人们会对烦人的小事表现出厌恶和恼怒的过度反应。这种反应与任何特定的挑衅事件本身相比都显得有点小题大做。比如：妻子因为丈夫一再乱扔脏袜子、打鼾而恼怒，而丈夫可能因为妻子每次出门都磨磨蹭蹭而发火。

正视关系中的冲突，携手推动关系的发展

发生冲突并不意味着两个人不合适。争吵和冲突是非常正常的，关键是要找到引发争吵和冲突的原因并有效沟通解决，才有利于两个人关系的维持。实际上，亲密关系中出现冲突并不可怕，冲突的出现是问题的暴露，同时也是正视关系和改善关系的契机。

如果伴侣间在以往面对冲突时，习惯采用逃避、对抗甚至是冲突的方式，那么从现在开始，不妨尝试着把问题摆在桌面上，坦诚沟通，既然已经出现了问题，那就应该正确地面对。如果我们想解决问题，想让自己和伴侣之间的关系更加紧密、沟通更加顺畅，那么或许应该和对方坦诚交流，包括在自己身上发生了什么，以及自己对目前关系的一些想法。我们可以表达出自己在这段关系中的需求和不安。

以下几个要点，能够帮助我们更好地沟通。

（1）在沟通时积极倾听。沟通中我们既需要确保自己能够正确接收到讲话者的意图，也要向对方传达出对他们的关注和理解，比如双眼跟随着对方、身体倾向对方等，也可以通过复述对方的话来确认自己是否了解了对方真实的想法，这也是在向对方表达着你的积极关注。

（2）表达积极的态度。用语言明确表达我们对伴侣的观点的尊重和关心也很重要。比如在本案例中，如果小 M 在面对来自男朋友的咄咄逼人时，试着轻松地说“我理解你的感受，你别着急，我们慢慢说”，或许这样会对冲突的解决有一些改观。

（3）**不带敌意地表达拒绝。**当对方提出的要求超出自己的承受范围时，不要马上用恶意揣测对方，不要进行对抗，而是了解对方的处境和需求，尽可能地理解和接纳对方。因此在行为上，既不要委屈自己被迫接受，也不要带着敌意攻击对方。面对不合理的需求，作为伴侣可以这样说："我理解你的压力很大，希望我能够帮你，我愿意在我能力和时间允许的范围内尽量帮你，陪你一起面对，但我确实不能直接替你完成任务，我这样做，并不代表不爱你。"如果换一种说法："你知道你的要求有多过分吗，你根本一点都不尊重我，你太自私了！"这些带着"否定、指责和敌意"的标签，不论贴到谁的身上，都会让对方感到生气。

（4）**传达需求。**我们可以尝试将要求转化为请求，并且有觉察地表达它们。比如，如果有需要对方帮忙的事情，可以说，"亲爱的，能不能请你帮助我完成这件事情，我知道你也很忙，可我真的很需要你，在这方面你比我强很多，有空的话能不能教教我"。这样的表达，既向对方传递了你需要他帮忙的信息，更重要的是，这些表述包含着对对方的尊重、亲密和认同。对方也更有可能答应。能够保持礼貌和尊重的态度，会收获更好的沟通效果。

准确地观察和表述行为，缓解冲突

行为主义强调观察人的行为，通过各种外部刺激，观察人在不同刺激下产生的应对行为，在亲密关系中，可以通过觉察和留心，了解对方的表现。具体可以从以下几个方面观察：

- 带着兴趣与好奇心去关注伴侣。
- 和伴侣在一起时，切忌一心多用，要专心陪伴。
- 关注当下，而非计划接下来要说什么。
- 把专注的焦点从自己身上移开，去关心伴侣。

· 对来自伴侣的信息保持开放态度。

· 觉察对伴侣的评判，并放下这些想法。

· 放弃执念总是对的，尝试去辩证地听取别人的意见。

下面是观察练习表（见表 3-3），和伴侣在一起时，可以通过练习，增加觉察。

表 3-3　觉察练习表

1. 勾选你有练习的项目
□ 带着兴趣与好奇心去关注伴侣。
□ 和伴侣在一起时，切忌一心多用，要专心陪伴。
□ 关注当下，而非计划接下来要说什么。
□ 把专注的焦点从自己身上移开，去关心伴侣。
□ 对来自伴侣的信息保持开放态度。
□ 觉察对伴侣的评判，并放下这些想法。
□ 放弃执念总是对的，尝试去辩证地听取别人的意见。
□ 其他：
2. 练习后你觉得如何?
3. 留心观察会发现有什么不同吗？如果有，是什么不同?

比如小M通过观察发现，和男朋友在一起时更专心地倾听对方的讲述，了解对方的想法和感受，逐渐减少对对方的评判，彼此都变得更有耐心。

在观察的基础上，可以进行描述。在亲密关系中，要合理地描述行为并且多采用第一人称。这里有个可供参考的原则：XYZ陈述法（见表3-4），公式如下。

“当你在Y情境下做X的时候（客观的行为描述），**我感到Z**（第一人称陈述）。”

其中，X：指某个行为；Y：指某个情境或事件；Z：指情感体验和感受。

比如，“你总是打断我，从不让我把话说完。”这句话很容易引发他人的愤怒，是一种不妥当的行为描述，而且不能把谈话的重点集中在可处理的、单独的特定行为上。合理的说法应该是这样的：“你刚刚在我话没说完时打断我，我很生气。”这样的陈述更有可能得到伴侣的理解和歉意的回应。

表3-4 XYZ陈述法

XYZ陈述1	
X：某个行为	
Y：某个情境或事件	
Z：情感体验和感受	
XYZ陈述2	
X：某个行为	
Y：某个情境或事件	
Z：情感体验和感受	
XYZ陈述3	
X：某个行为	
Y：某个情境或事件	
Z：情感体验和感受	

“矛盾是普遍存在的”，这一哲理在亲密关系中当然也适用。在亲密关系相处中，哪能没有冲突、没有矛盾呢。有矛盾不可怕，只要我们去面对矛盾、解决矛盾，生活自然会向更好的方向发展，逃避矛盾或者变得麻木，才会让关系变得越来越糟。钥匙和锁需要配对，磨合是理所应当的。我们可以不断学习沟通和行为的技巧，掌握尊重平等的沟通理念，这样才能推动亲密关系向健康幸福的方向发展。

学点心理学

【观察】

观察他人是行为主义的出发点，关注的是人每天的所作所为。专心研究能够观察得到的东西——行为，包括说的和做的，并寻求其规律。通过观察与记录，依据刺激与反应来描述观察到的行为。刺激是指外界环境中的任何东西，以及身体组织内部所产生的任何变化。根据一定的刺激能够预测其所引发的反应，或者观察发生的反应，能够推断出引发反应的刺激。通过观察，能够预测和控制人的活动。

第三节　亲密关系中的有效沟通方式

沟通是我们在关系中最日常的互动方式，但想要取得良好的沟通成效并非易事，在恋爱中我们还常常受到沟通问题的烦扰。因此，觉察、理解沟通中的常见问题，梳理探索更有效的沟通方式，是我们的关系得以维持和发展的关键。

明明相爱，却输在无效沟通上

L 和男朋友是通过工作相识相恋的，在确立恋爱关系前两个人似乎有说不完的话，感觉彼此是最契合的灵魂伴侣。但随着交往的深入，L 发现和男朋友的沟通越来越困难，男朋友的话很少，很少主动找 L 说话。当 L 询问时，男朋友回应自己本来就不爱说话，也不觉得有什么好说的。而当 L 和男朋友说起自己一天发生了什么、有什么感受时，男朋友直男式的回应也让 L 觉得很敷衍。这让 L 既失望、难过又委屈、愤怒，怀疑对方是否真的在乎自己，也为自己的付出感到不值得。此后，无论 L 是控诉指责男朋友“你看看别人家男朋友，再看看你，我真是失望透了”，还是哭诉哀求“我话都说到这个分儿上了，你能不能说句话”，抑或是放狠话“你在我心里什么都不是，我从来都没有爱过你”，甚至是冷战或拉黑等方式，似乎都无法促使双方进行有效的沟通，两个人对关系的满意度也都越来越低，甚至常常在想“到底要不要分手”。但有时想到对方对自己的好，两人又不忍心真的结束关系，因此来到咨询室寻求帮助，想就双方的沟通互动模式进行伴侣咨询。

亲密关系中的沟通有学问

我们的沟通可分为内容沟通与关系沟通两种主要类型。实践发现，在亲密关系中女性往往更看重对方的沟通姿态所传达的关系层面的信息，正如上文案例中 L 认为男朋友的沟通方式反映的是“敷衍”的态度，相比之下，男性则更看重沟通内容所聚焦的事实层面的信息。而一旦关系双方沟通的重点断层错位，就很容易引起不快，造成冷战或争吵。

最常见的一个例子是，女生在例假期间可能会抱怨说“我来例假了，好难受啊”，如果从内容层面理解，男生可能会回应“你可以多喝热水，好好休息”，这样的回应从内容上来说没有问题，但听起来就会让人觉得很不开心，女生体验到的是敷衍和不在乎。男生可能认为自己已经在回应女生的烦恼了，告知了对方问题解决方案。但如果去注意听女生在关系层面表达的内容，可能会发现她的真实诉求是“我需要你更多的关心和慰藉”。因此，我们在亲密关系中要学会识别沟通内容及沟通方式背后的关系内涵。

与此相关的另一个常见事例是，在家务分工的沟通中，不同的沟通方式会对关系产生不同的影响。例如，想让对方帮忙做饭或洗碗，一种沟通方式是“我今天好累啊，你可以帮帮我吗？”，另一种表达为“这都几点了，难道你就不能动一下吗？”。这两种表达可能会有非常不同的效果：前者会给人平等感和尊重感，而后者则是命令式的，让人感到很不舒服。因此，在亲密关系中，需要注意沟通方式和内容之间的关联，以维护良好的沟通和关系。

了解亲密关系中常见的沟通误区

恋人间常见的沟通误区包括道德评判、比较、回避责任及强人所难。

道德评判是指以自己的道德标准来评判恋人的言行，一旦对方的言行不符合自己的预期，就会被看作是错误的。诸如“你很自私”之类的评判，只会带来伤害，没有任何好处。

比较也是一种评判形式，我们可能经常听到“你看看别人家的女朋友/男朋友如何如何”之类的抱怨，上文中L也曾对男朋友说过类似的话。而当我们总是拿自己、恋人或关系状态和理想中的“他者”做比较时，只会感到失望和难过。

作为关系主体，我们对自己的思想、情感与行动负有责任，但当沟通中越来越频繁地出现“不得不”“不得已”“没办法”等字眼时，这可能提示我们在亲密关系中出现了责任回避现象。

最后，强人所难也是亲密关系中常见的沟通误区，由于关系亲密，我们总是想当然地认为如果对方真的爱自己，那应该会愿意满足我们的要求或期望，进而会自觉或不自觉地做出一些强人所难的言行。我们必须意识到恋人也有自己的意愿，在关系互动中要确认对方的感受和体验。

理解亲密关系中的不良沟通方式

在亲密关系中，当出现冲突时，我们往往会采用不良的沟通方式，如争吵或冷战。这些不良的沟通方式往往与我们童年时期或过往的亲密关系有关。哈佛大学心理学家琳达·希尔（Linda Hill）观察到，在争吵时，情侣通常会出现一系列负面感受，如受伤、无助和愤怒等，这时我们的大脑可能会发出信号启动自我保护程序。在极度恐慌的防御状态下，我们可能会被情绪控制，无法思考，也想不起过往的恩爱，只是强烈地感受到受伤。此时，我们可能会拒绝外部信息的输入，听不进任何话（如关心和解释），而采取攻击的方式来保护自己，如说狠话或表现得很漠然。还可能拒绝联系，直接提出分手或拉黑删除好友等。案例中 L 对男朋友说的狠话“你在我心里什么都不是，我从来都没有爱过你”就是一个无效沟通的典型示例。这种自我保护背后的需求其实是对“被爱”的渴望和对“我值不值得被爱”与“别人值不值得信任”的疑虑。当我们不认可自己的价值或很难信任他人时，就很容易产生“被忽略”“被抛弃”的恐惧感，也经常会怀疑对方不可靠，不能给自己安全感。因此，在亲密关系中，我们需要学会更有效的沟通方式，避免采取过度的自我保护行为，从而保持健康的亲密关系。

远离无效沟通杀手，让关系更亲密

研究表明，互动方式对婚姻质量、发展轨迹的影响远远超过人格特质和家庭压力（李晓敏等，2016；琚晓燕等，2015）。无论是激烈的争吵还是不回应的冷战方式，对关系双方都会产生很强的负面影响。当关系双方无法有效沟通时，内心会痛苦和不适。此时无论是自责（如事情变成这样，一定是我不好）还是责怪对方（如这一切都是他的错），都会让人感到对关系失去了掌控。如果不能及时调整沟通方式，就会导致关系满意度下降，甚至失去信任和安全感。因此，及时觉察并调整沟通互动方式是维持和发展亲密关系的基础和前提。

亲密关系中，如何实现有效沟通

1. 营造非评判性的沟通环境

很多伴侣都会纠结于“到底是不是他的错”，但常言道“公说公有理，婆说婆有理”，在亲密关系中没有绝对的对错，而且决出对错并不会解决问题，相反一直争论对错可能导致我们陷入一种持久战的关系状态。因此，当遇到问题时，如果我们能不执着于是非对错，而是在具体的场景下去协商，关注此时此刻面对的是什么样的问题，有哪些有效的或更好的解决方式，就可能打破不良互动模式的循环。将关系中的差异或不一致作为客观对象来观察，允许系统中差异的存在，更有利于营造非评判性的沟通环境，促进彼此的良性互动。具体来说，我们可以多用关心和询问的方式替代评价或争论，多给彼此一些充满尊重与爱意的互动体验，例如，可以多问问“你刚刚说的是什么意思？”“你是什么想法或感受呢？”。此外，重要的是平常要多互相鼓励，让双方建立起自我价值感和对他人的信任感，这也非常重要。

2. 设定共同认可的沟通规则

前面我们说到，很多时候，那些伤人的、自我防御式的沟通，常常是我们遭遇压力后的自动化反应，甚至在很多时候，我们可能并不认为自己的谈话方式是“暴力”的，但确实引发了自己和他人的痛苦。因此，共同商议制定一些沟通规则，可以帮助我们慢慢用新的反应模式来替代旧有的不良互动模式。例如，我们可以约定“即使再生气，也不要轻易说分手”；有冲突时尽量面对面解决，而不是回避或冷战；当一方生气的时候，另一方可以通过拥抱、触摸或说些缓和气氛的话来安抚对方。这里尤其需要注意的是，我们通常会将回避冲突作为关系互动中的默认规则，但研究发现，经常不能或不愿向对方表达负性情绪的夫妻，感情走向破裂的概率更高。尽管暂时的包容会对关系有利，但长期的不表达反而会使包容度及关系满意度降低。心理学家把争吵分为破坏性争吵和建设性争吵，发现建设性争吵不仅有助于问题的解决，更有利于关系的发展，而做好建设性争吵的关键是本着解决问题与有效沟通的目的，抓住重点，大胆表达。

3. 使用非暴力的沟通方式

马歇尔·卢森堡（Marshall Rosenberg）所写的《非暴力沟通》一书为我们展现了恋人间的良性沟通互动模式。具体而言，非暴力沟通由四个步骤组成：①观察和描述客观事实；②换位思考，理解对方的想法和感受；③表达自己的感受；④提出请求，沟通协商并达成共识。

以男朋友不接电话，约会迟到，惹女朋友生气为例，女朋友可以采用非暴力的方式进行表达：“你没接电话，还迟到了一个小时。你是有什么事耽误了吗？你这样让我感觉到不被在乎，很受伤。我希望如果你有事不能按时到可以提前告知我，也希望你可以每天花一两个小时专心陪我，不处理其他事情，可以吗？”男朋友也可以非暴力沟通的方式回应：“抱歉，我最近确实没有很好地关心和陪伴你。你这个月提了3次分手，还将我从微信好友名单中删除。我想你当时一定是气坏了才会这么做，是吗？其实看你生气、伤心我也很自责和难过。我希望你下次可以直接跟我说你的不满和委屈，不要轻易放弃我们的关系，好吗？”

此外，其实幽默也是一种非常实用的非暴力沟通方式，即使是剑拔弩张的冲突时刻，只要一个人盯住对方的眼睛，两人相视而笑，我们就会自然地回到非暴力的沟通互动中。

聚焦无效沟通中的靶行为，促使沟通良性发展

在行为主义中，靶行为是指需要加以改变的具体的行为问题。从内容上来讲，靶行为往往是综合的，可以包含某种情绪体验，对事情的认知、态度，相对固定的行为模式，以及一些躯体症状等。在亲密关系中，很多沟通无效的困扰都可以结合靶行为进行解决。通过聚焦需要改变的具体行为问题，识别情绪体验、认知和行为模式，可让沟通更加畅通。

一般的程序如下。

（1）明确靶行为的目标。靶行为需要具体化，设定的目标要是可以实现、可以记录和分析的。例如，L 希望能够减少与男朋友之间的无效沟通，目标是减少指控男朋友和放狠话的次数。

（2）记录靶行为。确定靶行为的基础水平，观察和记录该行为发生的时间、频次、程度和结果，要关注靶行为的直接结果，实现对目标的激励效果。结合本案例，L 要对靶行为进行细致的观察和记录。

（3）设计新的结果以替代靶行为产生的不良后果。比如，L 按目标计划减少无效沟通，可以和男朋友一起总结并制订实现目标的计划，由男朋友进行监督。每周完成相应的任务后，男朋友可以给予鼓励，如拥抱等。

（4）及时强化。持续记录靶行为，当 L 减少不适应行为时，可以奖励自己，如看电影或吃一份大餐等。

L 通过靶行为的聚焦和调整，逐渐减少了对男朋友的指责和过激的言语等，取而代之以更真诚的方式表达自己的需求和想法，并和对方一起商量和探讨，对方了解了自己的态度，也愿意和自己以双方都可以接受的方式沟通和相处，双方的关系也更加稳定。

下面是聚焦靶行为的具体步骤，可以结合表格，确定目标，进行记录和改善，具体可以填写靶行为记录表（见表 3-5）。

表 3-5 靶行为记录表

<table>
<tr><td colspan="4">1. 明确靶行为</td></tr>
<tr><td colspan="4"></td></tr>
<tr><td colspan="4">2. 明确靶行为的目标</td></tr>
<tr><td colspan="4">（1）
（2）
（3）</td></tr>
<tr><td colspan="4">3. 记录靶行为</td></tr>
<tr><td>靶行为</td><td>频次</td><td>强度</td><td>结果</td></tr>
<tr><td></td><td></td><td></td><td></td></tr>
<tr><td colspan="4">4. 设计新的结果，替代靶行为产生的不良后果</td></tr>
<tr><td colspan="4"></td></tr>
<tr><td colspan="4">5. 及时强化（实现后进行奖励）</td></tr>
<tr><td colspan="4"></td></tr>
</table>

没有任何一段亲密关系的沟通是不需要磨合与练习的。恋人间的亲密是超乎寻常的，所以更容易陷入道德评判、比较、回避责任或强人所难的沟通误区，而这些不良的沟通方式又往往与我们过往的各种亲密关系经历相关。当我们在关系中感到失望或受伤时，可能会自动进入自我

保护状态，采取争吵或冷战的方式，让本该充满爱意的关系空间变成了相互攻击、伤害的战场。但其实无论在互动中遇到什么阻碍，只要我们确认了彼此的心意，都还想继续走下去，就可以努力学习沟通，共同成长。车到山前必有路，办法总比困难多。我们可以尝试营造非评判性的沟通环境，设定共同认可的沟通规则，使用非暴力的沟通方式，聚焦无效沟通中的靶行为，促进伴侣之间的沟通更加畅通、和谐。

学点心理学

【靶行为】

靶行为的英文是 target behavior，中文也译作“目标行为”，是指行为主义中需要改变的行为。靶行为体现在过程中，是可以观察、可以量化的“关键行为”，通常涉及“靶行为”的发生情境及分析，对“靶行为”进行量化与标定，设定目标，制订实施、监测、调整计划等。

第四节　如何修复关系裂痕?

在亲密关系相处中，很多原因会导致伴侣双方之间发生冲突，更甚者，会导致关系出现破裂，或者走向终结。在本文中，我们将结合所呈现的案例，来分析一下亲密关系走向破裂的原因及如何修复岌岌可危的亲密关系。

棘手的“裂痕”出现了

小 W 最近遇到了特别无助的事情，她觉得自己和恋人的关系已经走到了尽头，他们之间的关系即将破裂。具体情况是这样的：小 W 是一位在读博士，正忙于科研和发表论文，明年就能毕业。她和男朋友已经谈了四年恋爱，两人都是彼此的初恋。去年春节期间，他们互相面见了对方的父母，确定了婚期，就定在小 W 明年毕业之时。这对于小 W 的人生来说是一个重要的节点，她对未来能够和男朋友一起生活也充满了期待。

这里有一个值得注意的情况，由于小 W 的男朋友比她早两年毕业，去了别的城市工作，二人目前已经异地了一年，聚少离多，并且还有一年才能重聚。然而就在一周前，男朋友做出了让小 W 意料之外的举动，他忽然告诉小 W，说自己对于结婚的决定产生了动摇，想要冷静一下，婚姻是大事，希望小 W 也能再多考虑考虑。在小 W 的追问下，男朋友渐渐表达了他的真实想法：比如他和小 W 在一起会备感压力，因为小 W 学历比自己高会让自己感觉配不上她；二人所学专业和从事的职业有很大差别导致没有共同语言，日常沟通较少；目前二人还需要异地将近一年才能一起生活，等等。虽然小 W 极力劝说，鼓励男朋友要对这段关系有信心，对男朋友所列举的理由逐一进行驳斥，但男朋友依然坚持想先进入“冷静期”，思考一下两人关系的走向。这几天的交谈中，小 W 能感觉到男朋友对自己失去耐心，说话的语气也逐渐不耐烦，这些都让小 W 很害怕。

男朋友的突然变卦，让小 W 感到很震惊、恐惧和无助。几种情绪交织形成一张名为绝望的大网，让小 W 看不到这段关系的出路，小 W 也逐渐开始胡思乱想，推测男朋友是不是移情别恋了……这些念头在她的脑海中挥之不去。同时，小 W 还产生了严重的自我怀疑和自我否定，认为肯定是自己做得不够好才导致男朋友抛弃自己，以为自己不值得被爱。近一周以来，她每天总会控制不住地流眼泪，饭也吃不下去，还失眠早醒，注意力变得不集中，严重影响到了学业和工作……

亲密关系中为何会出现裂缝

1. 普遍性：生理因素发生变化

在恋爱初期，我们会出现一系列生理反应（如脸红心跳），主要是多巴胺、去甲肾上腺素和苯乙胺等的共同作用，而随着时间推移，这些生理分泌功能可能发生改变。例如，随着身体对苯乙胺的耐受性增强，两三年后其刺激会完全消失。本例中，小 W 和男朋友的关系已经进入第 4 个年头，从最初的浪漫热恋过渡到“不咸不淡”的状态是所有人都会经历的一种正常现象。

2. 心理距离不对等

在有亲密关系困扰的来访者中，心理距离不对等的现象非常普遍，这也是导致关系破裂的重要原因。这一点实际上在小 W 和其男朋友身上都有体现，前期男朋友因为学历不对等而在心理上疏远了小 W，认为在她毕业后，自己和她就不是一个层次的人了，在不断地自我否定中对与自己和小 W 的未来产生了怀疑，决定暂缓关系进展。这一做法无疑是把压力转给小 W，而小 W 面对这一意外状况也开始质疑自己，进一步拉大了双方的心理距离，让沟通变得更加困难，裂痕也越来越深。

3. 亲密需求未得到满足

马斯洛的需求层次理论认为，人们有归属与爱的需求，即一个人要求与其他人建立联系或关系。如果这种需求未得到满足，便会成为关系破裂的重要原因。常见情况有很多：①比如对方对这段关系前景的看法偏消极，双方的互动状态未达到自己的预期；②总是自己主动而对方总是消极被动，也会让关系中的个体感到难以维持情感；③自我暴露程度不对等，比如自己会和对方分享很多隐私和秘密，但对方却总是处于防御和非表达的姿态；④自己将对方拉入自己的朋友圈中，而对方却拒绝等。

在本案例中，小 W 与男朋友已经异地近一年的时间。长期的分离容易导致他们在对方需要情感支持时无法提供即时的、面对面的交流与安抚，并进一步导致双方对于亲密的需求未得到满足。小 W 在咨询中也提到，男朋友刚去外地工作时，经常会给自己打电话、发微信分享生活中的点滴，自己因为科研实验太忙经常忘记回复男朋友的消息，久而久之男朋友也逐渐减少了沟通的频率，只能在小 W 有空主动联系男朋友的时候，两人才能好好聊聊天，双方的生活、工作步调不一致成了一个棘手的问题，这严重影响到男朋友对于维系关系的信心和效能感。事实上，寻求对方的支持和理解，却碰上冷冰冰的话语，那一瞬间，关系中的一方可能尚未意识到，而另一方已经感到被漠视了。当一个人的情感被忽视时，大脑会倾向于将其解读为拒绝信号，而被拒绝的感受所激活的大脑特定区域正是由真实物理伤痛所激活的脑区。此外，这些不愉快的体验会在大脑中被长期反刍，男朋友对待亲密关系的负面情绪自然也会随之累加。

4. 价值观和爱情观的影响

关系的破裂也很容易受到价值观的影响，比如双方在未来规划上的不一致和分歧等。这些问题如果处理不当，就会导致关系破裂。小 W 未来打算继续在科研上深造，而男朋友更想早点结婚生子，过相对平淡但温情的生活，而小 W 科研任务较多，婚后不一定能承担起相夫教子的任务，可能还会面临夫妻聚少离多的情况。

不容忽视的是，双方的爱情观对关系的走向也有一定的影响。关系中第三人的出现（出轨）是老生常谈的问题。如果伴侣一方或双方，在面对其他的情感诱惑时处理不当，也可能会导致分手。许多情侣在面临关系动摇时，很难不怀疑是第三者的插足导致的，小 W 也陷入了同样的“旋涡”。近些年来，许多社会热点都聚焦于此，类似的新闻事件也不胜枚举。面对这一问题，要谨慎掉进恶性循环，应坦诚地与伴侣沟通自己的疑问，而不是让本来就危机重重的关系被互相猜疑置于困境。

如何应对亲密关系中的裂痕

实际上，伴侣关系中出现冲突和缝隙并不可怕。如果我们把冲突和裂痕的出现看成危机，那么在这些冲突中，应该既包括“危”，又意味着“机”，是一次正视关系和改善关系的契机。以下是一些应对策略和建议。总体来说，有放弃和修复两种选择。

1. 列出“得失”清单

假如继续维持这段关系，从“我能得到的”和“我会失去的”两个角度，思考将面临的得与失。可以列举出继续维持关系的“得失”清单（见表 3-6）。

表 3-6　继续维持关系的“得失”清单

继续维持这段关系	
我能得到的	我会失去的
1.	1.
2.	2.
3.	3.
4.	4.
……	……
……	……

小 W 通过梳理清单，发现继续维持这段关系，能够得到爱情的持续，毕业后举行婚礼，有一个自己的家，两人一起生活，但会失去自己的科研自由和未来继续深造的可能，在职业上可能要重新考虑等。小 W 意识到自己获得博士学位只是想找份更理想的工作，因此可以不继续从事科研工作，而近期确实因为论文等忽略了和男朋友的沟通，相比而言她也更在乎和男朋友之间的情感，她认识到可以和男朋友一起沟

通，商量未来的职业选择，以巩固双方的情感。

2. 进行合理归因

归因是社会心理学上一个重要的概念，归因即“寻找原因”，自我归因是指人们对自己的行为进行分析，推论出这些行为的原因的过程。心理学家海德（F. Heider）提出了二维归因理论（见表 3-7），简单来说，该理论认为人们在解释行为原因时通常可能从内部或外部两方面进行推断。内因是指存在于个体内部的原因，如人格、能力、动机、态度、情绪、价值观及努力程度等个人特征。如将行为归因于个人内部特征，称之为内归因。外因是指行为或事件发生的外部条件，包括他人影响、运气、背景、工作任务难度、甚至天气等外部因素。如果将行为原因归于外部条件，称之为外归因或情境归因。

人们往往都有自己比较稳定的归因倾向，或是倾向于外部归因，或是倾向于内部归因。倾向于外部归因的叫作外控型归因风格，倾向于内部归因的叫作内控型归因风格，而不同的归因风格可能会导致来访者不同的情绪后果。

表 3-7　二维归因理论

因＼果	成功（顺利）	失败（受挫）
内因	能力强、态度好、动机强、有人格魅力等	没能力、动机弱、无人格魅力等
外因	运气好、他人帮忙、任务难度低、天气好等	运气差、缺少他人帮忙、任务难度高、天气太差等

比如在本案例中，小 W 不断推测是否是由于自己不够优秀才导致男朋友离开自己，实际上就是一个不合理的认知归因过程。小 W 在此处将情感受挫的原因归结于自己能力不足或者缺少对男朋友的吸引力，从而无法从更客观全面的角度看待问题，最终也导致自己在关系中的不自信，以及沮丧和绝望情绪的出现。

所以，如果我们再遇到类似的情况，不妨跳出固有的认知模式。

小 W 后来意识到男朋友提出分手的原因是因为其情感需求没有满足或者未来的婚姻负担太大，通过转变自己的认知，重新获取重建关系的信心。

3. 努力修复关系

要修复关系，需要从以下几个方面做出努力。

（1）修复意愿的评估。修复关系的前提是双方有继续这段关系的意愿。“破镜重圆”需要的是双方的共同努力。在冷静的状态下，评估自己的修复关系意愿，还可以邀请对方一起使用继续维持关系的“得失”清单（见表 3-6），对是否需要维持这段关系进行评估。

（2）坦诚沟通。到了关系破裂的境地，如果双方想修复这段关系，那么必须进行坦诚的沟通。关系的维护是需要双方共同努力的，所以既然都想继续下去，那么做出承诺，担当责任也是双方必须做的。

在沟通的时候必须保持冷静，情绪化的沟通只会让事情变得更糟，在情绪难以平复时，我们可以通过一些行为来转移注意力，如扔掉垃圾、上个洗手间、听音乐、深呼吸、出门散步等，帮助自己平复心态。

（3）做出承诺。认知失调理论是由美国心理学家利昂·费斯廷格（Leon Festinger）提出的一种态度改变理论，是指个体认识到自己的态度与态度之间或者态度与行为之间存在着矛盾。费斯廷格认为一般情况下，个体对于事物的态度以及态度和行为间是相互协调的；当出现不一致时，就会产生认知不和谐的状态，即认知失调，并会导致心理和生理紧张。个体为了解除紧张，会使用改变认知、增加新的认知、改变认知的相对重要性、改变行为等方法来使心态重新恢复平衡，使得认知与行为相一致。

如果在坦诚沟通的基础上伴侣之间均做出了承诺，那么为了消除认知不一致时的失衡状态，避免心理紧张状态，人们就会做出与所做出的承诺相一致的行为。认知 - 行为协调过程见图 3-1。

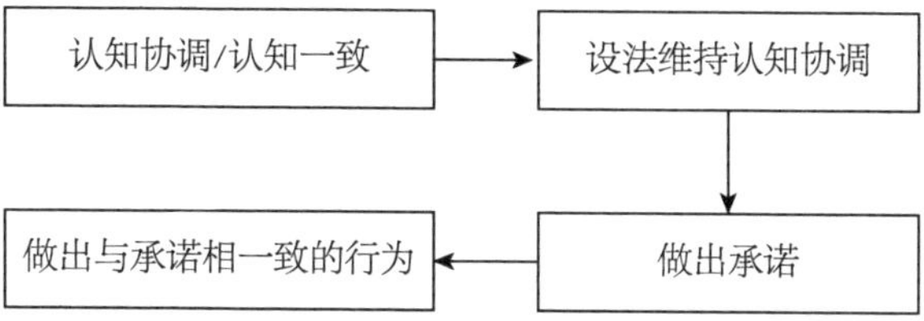

图 3-1　认知 – 行为协调过程

小 W 意识到自己很想与男朋友多沟通，但因为忙于论文而有所疏忽，她跟对方说："咱们这次的矛盾主要是因为双方都工作太忙了，每天除了互相说早安和晚安之外，缺少其他的交流。但我答应以后会跟你主动分享生活中的事情，每天在睡前用半个小时的时间和你视频聊天。但是我希望你也要答应我，也会主动分享，有什么难过的事和开心的事也每天要记得和我分享。"男朋友也感受到了小 W 的真心，两人之间的关系也慢慢恢复。

4. 细心找到变化

找到生活本身的变化及彼此角色的变化和影响，再了解彼此对这些角色的预期，就能进一步找到关系出现裂痕的原因，也能找到长期幸福和亲密的关键。比如，小 W 和男朋友可以静下心来思考他们近期遇到的变化，彼此交流所遇到的困境和期待，坦白双方的顾虑、试着与对方一起解决问题，从而把自己及关系变得更好。可以参考生活与角色变化清单（见表 3-8），找到变化和修复的着手点。

表 3-8　生活与角色变化清单

生活变化	角色变化	影响
毕业前后	从学生到社会人	找工作、住房问题、经济压力
谈婚论嫁	从情侣到夫妻	朝夕相处、父母问题
更换工作	……	搬迁、异地

5. 形成积极共振

长期稳定的亲密关系最终都要落脚于日常相处中，反复体验到只属于彼此的共鸣与心动，这就是伴侣间的积极共振（positivity resonance）。主要体现在以下方面。

（1）**共享的积极情绪**（shared positive affect），比如在约会做了开心的事情时共同开心大笑；

（2）**表达关心的行为同步**（caring nonverbal synchrony），比如在交流时伴侣双方在身体上互相靠近对方的动作；

（3）**生理性同步**（biological synchrony），比如拥抱亲吻时共同变化的神经活动、激素水平。

6. 学会爱的表达

婚姻咨询师盖瑞·查普曼（Gary Chapman）博士在他的《爱的五种语言》（*The Five Love Languages*）一书中也提出了他认为的五种表达爱的方式。

（1）**肯定的言词**：通过言语表达对对方的肯定，这同时也是维护关系的积极行为之一，也足见其重要性。例如，“谢谢你，今天的晚饭真好吃。”

（2）**相处的时间**：两个人彼此投入的、专注的共同度过的时间。

（3）**赠送礼物**：增强仪式感。

（4）**服务的举动**：在对方需要的时候及时提供帮助，如开门、拉椅子等。

（5）**身体的接触**：亲吻、拥抱、性行为等。

小 W 和男朋友已经在一起四年，现阶段可以尝试更多的坦诚交流，并增加伴侣间的肢体接触，共情男朋友的想法，并在交流时多靠近对方，达到积极的同频共振。

进行行为功能分析，让伴侣关系向良性发展

人的行为，不管是适应性行为，还是非适应性行为，都是有功能

的，功能是行为得以维持的原因。行为功能分析是一个收集和分析有关当事人问题行为的信息的过程，通过收集所需要的信息，从中发现影响行为的主要因素。

行为功能分析包括微观和宏观两个角度。微观行为功能分析遵循SORC（见图3-2），即具体分析刺激源/发生情境、个人因素、反应性行为/问题行为/操作性行为的发生、行为后果。

图3-2 SORC模型

宏观行为功能分析，是从整体上（个人成长史，生活或成长环境等）把握当事人的问题行为，易于掌握问题形成与发展的脉络。

对于小W，我们发现她一个明显的问题行为是缺乏与男朋友进行沟通。微观分析发现，每当小W面临导师的指责，论文推进困难时，以及异地男朋友想要周末找自己陪伴时，就会更不想沟通，她会担心自己向男朋友倾诉，会让男朋友觉得自己不够好，而持续的科研投入，又会强化小W与男朋友之间的较少沟通。她通常会告诉对方自己比较忙，要做出更好的论文，在更好的期刊上发表。这样一方面会给自己带来压力，让自己将更多的时间和精力放在科研上，同时也会引起男朋友的想法，男朋友会觉得小W只在意科研，而小W对于科研的表现也是患得患失，产生焦虑和担心，有时候会影响睡眠，心情不好，会更容易和男朋友冷战、发火等。这与小W的个性特点也有关系——追求完美主义，不甘心面对自己的脆弱，因此会避免让他人看到自己的不足和困境，尤其是面对自己的伴侣时。从宏观分析上看，在小W小时候父母就对其要求较高，考上博士之后，家人更是把希望寄托在小W身上，不容许她犯错。小 W 自博一开始就强行逼迫自己做出成果，把主要精力投在科研上，在男朋友毕业开始异地恋后，小 W 的科研文章发表有些不顺，沟通时间更少，逐渐引起男朋友的不满。在这个过程中，小 W 缺乏和男朋友的沟通，短期内可以减轻压力，不用面对生活的琐碎，但时间一长便影响了彼此之间的情感联结，引发了情感危机。通过分析，小 W 认识到了自己的问题，开始调整自己，尝试积极与男朋友沟通，一起面对，两人之间的情感也得到成长。

美国传奇诗人和音乐家莱昂纳德·科恩（Leonard Cohen）曾说："万物皆有裂痕，那是光照进来的地方。"在关系中同样如此。当亲密关系出现裂痕，并不代表关系即将走向终结，而是意味着这段关系抵达了一个关键期，需要双方进行更深入的交流，并对伴侣和这段关系的未来做出重新评估。亲密关系的破裂，对亲密关系双方来说意味着"危机"到来。然而，危机是危险与机遇并存。我们要在"危"中看到"机"。如果选择放手，那就好好照顾自己，照顾好自己的情绪；如果选择去修复，那就不妨将亲密关系中出现的裂痕当作感情发展的契机，在坦诚交流、共担责任的基础上，推动关系朝着健康、良性的方向发展。

学点心理学

【行为功能分析】

行为功能分析是指在对行为进行干预之前，对问题行为的起因、反应、所带来的后果及动机和需求等方面做出评估和分析。通常行为发生后会带来一定的反应，通过分析行为的反应，找出问题行为的原因，分析问题带来的好处，即获益性，在此基础上进行改变，通过设定具体目标或阶段目标，让问题行为得到解决。

第四章

【认知重建】从全新角度发现爱

一般情况下，我们都习惯于相信自己脑海中的东西，如认知与情绪。而且这种想法仿佛是自然而然、理所应当的。然而，“自然”的选择并不一定是合理的。人类与其他动物之间的最大区别就在于：人不是完全“自然”的。对“认知”的评价和修正，对“情绪”的觉察和体验，对“爱与温暖”的理解和流动，对“抽象语言”和“具体现实”的区分和探索，对“元认知”（反思功能）的掌握和使用，在我们的生活中起着广泛而重要的作用。

隐藏在事件表象之下的，远比我们用眼睛观察到的多。

——亚伦·贝克（Aaron T Beck）

第一节　异地恋也能很美好

异地恋和孤独

著名心理学家卡尔·荣格（Carl Gustav Jung）曾经说过：“孤独并

不是因为身边无人，感到孤独的真正原因是无法与人分享他最要紧的感受。”孤独是异地恋的强大对手。异地恋，顾名思义，表示亲密关系的双方身处不同地域的恋爱关系。在异地恋中，由于地理空间的限制，二人长时间不能见面，情感交流面临重重阻力，从而可能感到更强烈的孤独。很多人认为，异地恋难以长久，但后期似乎越来越多的研究倾向于认为异地恋并非真的与亲密关系长久性高度关联。那么，哪些因素会影响异地恋的满意度呢？异地恋情侣有哪些方式提升异地恋体验和关系持久度呢？下面我们将一起学习关于异地恋的相关内容：如何才能跨越空间限制，摆脱孤独，让异地恋修成正果。

孤独的三种应对方式

孤独感是指当个体渴望的社交关系与实际的社交关系网络在质量上（如失去亲密关系）或数量上（如朋友太少）存在差异时产生的一种不愉快的心理体验。

在面对孤独时，人们通常会有三种表现，分别是安稳、忐忑和疏离。我们先来看三个关于异地恋的经历分享。

小 A 愿意与人谈及异地恋中的苦涩与甜蜜。她说，二人在缺乏安全感的时候也会吵架，也会有情绪崩溃想要分手的时刻。不过小 A 愿意拿出一段时间去陪伴对方，也愿意把自己的很多感受跟对方分享。虽然有时候是事后沟通，不过两个人的关系仍然稳步前进，他们对于未来能够修成正果很有信心。

小 B 在异地恋中的体验感比较糟糕，她很容易陷入担心和紧张的情绪中。如果不能保证伴侣在身边，她就会产生很强的不安全感。她在生活中经常感到孤独，而在这种时刻就会想找男朋友聊天。但是男朋友前段时间出国留学了，小 B 每次在发消息前都会犹豫和担心：自己如果总给男朋友发消息，会不会打扰他的学业？他会不会觉得烦？

如果男朋友因为太忙了不能及时回复，小 B 会在等消息时患得患失：他在做什么？他是不是忘记我了？而有时就算回复了，小 B 也觉得他说的话没法安慰到自己，觉得被敷衍和无助。就在这种患得患失不断等消息的过程中，小 B 的心情越发低落，她的分享欲也开始下降，甚至开始担心，是不是他不喜欢自己了？他会不会遇到其他人了？有一天他会不会和我分手？因为小 B 每天都因为异地恋的事情苦恼不堪，她也经常向朋友倾吐苦水，因此，小 B 身边的朋友也都不看好这段关系。

小 C 则与小 B 不同，他在这段异地恋中不是焦虑的一方，可感到焦虑和悲伤的是他的女朋友。他们在恋爱关系中的问题，在异地恋之前就存在了。小 C 在日常生活中不太注重维护朋友关系，朋友给他发微信，他可能很久才回，甚至忘记回复。他在做事时也不太考虑别人的情绪和感受，我行我素。他在面对女朋友时也是如此。女朋友感觉他对自己并不在乎，自己对于他是个可有可无的存在，她对此深感挫败，总是觉得是不是自己做得不够好或者没有魅力？男朋友没有那么喜欢自己？为什么谈了两三年的恋爱，两个人的关系还是这么浅？后来，小 C 去国外留学做科研，进入异地恋状态，小 C 每天醉心科研，基本没有时间陪伴女朋友，他们之间的矛盾就更大了。女朋友越发感到焦虑，觉得这段“冷冰冰”的失联式恋爱最终一定会走向终止。

ABC 三者的三种状态代表着三种常见的依恋类型。依恋指的是一种情感纽带，指与某人（常指伴侣）保持亲近的倾向。美国心理学家安斯沃斯认为，成人的依恋类型大致可分为三种：安全型、焦虑型和回避型。简单来说，安全型依恋的人群非常享受亲密行为，通常温暖有爱，倾向于认为对方在异地时也会想念自己，双方能够共赴未来。焦虑型依恋的人群十分渴望亲密，情感需求充沛，“恨不得天天黏在一起”，常常对恋爱关系全情投入，因此在面对异地恋时，一旦感受到孤独，就可能与伴侣产生矛盾和摩擦，同时他们会非常担心伴侣不爱自己了。他们在异地恋中经常感到焦虑和担忧，容易对伴侣和未来产生怀疑，并可能通过各种方式来“考察”伴侣对自己的爱。回避型依恋的人群对情感的需求较少，“不喜欢黏人，也不喜欢被人黏”。因此，他们一般不通过近距离接触来满足亲密需求，还有可能将亲密活动看作失去独立意识。这种减少亲密需求的习惯，会让他们在异地恋中显得十分疏离。

著名心理学家米歇尔（Walter Mischel）在1973年提出，情境和行为的心理特征之间的关系由五种认知－情感单位（见表4-1）介导。

表4-1　五种认知－情感单位

情感单位	内容
编码和结构	每个人对遇到的事物都有其独特的建构和分类编码等加工方式
期望和信念	每个人对行为的可能后果存在特定的预期。要预测一个人在特定情境中的行为，我们必须考察其特定预期
感觉和情绪	每个人对情景的情绪反应和躯体感受有所不同
目标和价值观	每个人都有价值观，而且能对所追求的目标进行描述，并据此做出目标导向的行为
认知和行为能力	每个人都有独特的认知和行为能力，这种能力可能会在行为中有所表现，也可能并不表现出来

因此，米歇尔提出：我们应该注重一个人能做什么，而不是他已经做了什么。一个人的行为就是由上述这些人格变量和情境的交互作用所决定的。这些认知层面的人格变量是一套对人的社会行为和情感状态具有解释功能的个人变量。这些变量与特定情境彼此交互作用，就形成了个体差异化的独特行为模式。

以异地恋伴侣不回消息为例，依恋类型分析表（见表4-2）展示了三种不同依恋类型的人对这一件事做出的可能解释和对应。

表 4-2　依恋类型分析表

异地恋中的伴侣不回消息	安全型依恋	焦虑型依恋	回避型依恋
编码和结构	异地恋 = 孤独 + 亲密	异地恋 = 不孤独 + 亲密	异地恋 = 正常恋爱
期望和信念	他不回消息是在忙重要的事情，或者太累了导致意念回复	他不回消息是不爱我了，或者出不好的事情了	不会有什么问题，恋爱就是这样的
感觉和情绪	合理的疑惑 适当的孤独感	较强的怀疑与恐惧 非常孤独	平静 较强的孤独
目标和价值观	异地恋一定可以通过努力修成正果，克服孤独	异地恋也应该满足：不孤独 + 亲密	异地恋很难，不确定未来是否可以修成正果，但是可以接受
认知和行为能力	做自己的事情 等待对方的回信	停下要做的事情 反复查看对方是否回信	做自己的事情 会很在意对方的回信，但通常不表现出来

异地恋的苦从何而来

异地恋是亲密关系的双方因为学业、工作或者迁居等原因分离。那么异地恋的“苦”从何而来呢？

“苦”的第一个因素是物理距离。双方的物理距离是一个连续谱系，即从同居到同县、同城、同省最后跨国的连续状态。物理距离越远，恋人维持日常的面对面交流的难度就越大，频率就越低，从而产生下面的问题。

“我需要你的时候你不在”：意味着无法获得及时帮助。例如，受了委屈，忘带钥匙等都会引发人们的倾诉欲，然而异地的伴侣很可能无法及时回应，更无法提供帮助，因此让人感到无奈，加剧孤独感。

“我只是想获得一个拥抱”：身体接触是简单有效的安抚情绪的方法。此前一直有论断称，亲密关系的满意度与身体方面的亲密程度有相关性。身体接触，包括拥抱、亲吻和性爱等，能够促进身体内多巴胺等神经递质的分泌，而多巴胺对于维持人的快感和舒适是必不可少的。异地的情侣难以实现身体接触，少了一个安抚情绪和提升亲密感的重要方法。

“你说的东西我不了解，也渐渐提不起兴趣”：因为身处异地，亲密关系双方缺乏相似的生活环境。对方经历的自己经历不了，自己经历的对方也经历不了。这就会导致异地恋双方在分享周围发生的事情时，不能很好地理解对方，很难产生情感上的共鸣。有时候可能会觉得虽然对方说得很有趣，但是自己却无法切实体会到那些乐趣。分享欲是爱的重要形态，和伴侣保持真诚的分享，可以避免物理距离带来的亲密感缺失。若长期缺乏高质量交流，会令一方或双方失去分享欲，交流变少，进而产生更多摩擦和矛盾。

“苦”的第二个因素是心理距离。物理上的隔离让孤独感变得明显，如果不能处理好这些孤独，就会导致双方的心理距离变远。心理距离也是连续的，从无话不谈到心灰意冷。心理距离越远，彼此的依赖越少，信息送达也越不及时。很有可能当悲伤的情绪已经平复了，对方才发来迟到的回复。

因此，对孤独的认知，以及应对孤独场景的能力在维持异地亲密关系中显得至关重要。独处（alone）并不等于孤独（lonely），让人感到孤独的是对独自存在的感知（perception of being alone）。独处的能力是情感成熟的重要标志。在异地恋中，学会与孤独共处，更有利于亲密关系的长久健康保持。

有情人如何终成眷属

时代的发展变化给异地恋情侣提供了更多可利用的资源，因此也让异地恋变得越发普遍。电子设备、信息网络和飞机高铁的普及，让我们更容易实现双向奔赴。沟通效率相较以往有了质的飞跃，可以更好地满足亲密关系的需求，降低分离焦虑。网购可以送货上门，直达对方城市，这都让我们能够更好地创造共同记忆。

从前，二人不在一个乡镇，就算是异地恋。更远的恋爱基本会被自动宣判终结。而现在，异地恋的类型已经拓展到了跨城恋，甚至跨国恋。如今人们开始广泛思考如何维持跨越如此遥远距离的恋爱，这本身就是一个巨大的进步。

跨国恋在异地恋中要克服最多的困难，除了更加遥远的空间距离，还有时差。在时间的干扰下，恋爱的双方要建立共同记忆就需要投入更多的努力。因为不同的作息时间和不同的社群文化都会对恋爱的个体和关系产生影响。我们都会为了适应环境做出一些改变，如在西方文化中，人会变得更开放。为了适应环境而产生一些变化是合理的，但变的是“习惯”，不变的是“忠诚”。

异地恋也不是全无好处。相互依恋的双方，在无法见面的日子里，会积攒出很多很多的爱，这些爱在见面的时候会迸发出灿烂的感染力：奔跑、相拥、热吻、跨越山海。而且异地恋在一定程度上可以避免“审美疲劳”，可以给予双方独立生长、变化的空间。虽然分处两地，但是在同一段时间里共同成长，共同变好。

现在我们对异地恋有了基本的了解，下面就需要“对症下药”，我们将以认知行为疗法为基础，从不同的角度提出对于异地恋中的孤独感和交流问题的应对方法。

（1）学会培养信任感。信任是关系之石。异地恋伴侣会更加面对信任的考验。自我表露是增强信任感的重要途径。自我表露是指向一个人传达自己的思想、情感、需求和相关期望。有研究表明，自我表露与恋爱满意度之间存在正相关关系。并且，对于异地恋情侣，自我表露在依恋对满意度的影响中存在显著的调节作用。此外，自我表露也分为正向自我表露和负向自我表露。若给予对方大量单一的正面或负面自我表露，可能会导致对方产生厌烦情绪，进而适得其反。因此，更好的方式是将正面与负面自我表露相结合，时而开心地分享生活中的愉快和成就，时而真诚地坦露生活中遇到的苦难和挫折。这将有利于大幅度提升双方对亲密关系的满意度。

（2）**学会高效、高质量地沟通。**想知道如何高效沟通，就必须先了解什么是低质量甚至无效沟通（见表 4-3）。

表 4-3　无效交流实例表

异地恋中常见的低质量沟通	
工作汇报	你吃了吗？吃了 吃了什么？西红柿炒蛋 你呢？我也吃了
三心二意	一边聊天，一边打游戏看直播或和他人聊天
宣泄情绪	将积累起来的大量情绪破坏性地向对方宣泄
翻旧账	以前你哪次冷漠了，哪次不理我了，哪次做错了

低质量沟通太多，双方都会对沟通感到“恐惧”，因为这种沟通会让我们建立起“和他交流 = 无聊”的联结。要“对症下药”，就要重视沟通，比如，在保证双方都是在空闲、舒适的情境下，全身心投入到视频聊天之中；在聊天时可以多描述些自己在工作或学习中的细节，分享自己生活中的情绪和想法，这样不仅可以扩充话题，还能让自己在对方心中的形象更清晰，印记更深。婚姻家庭治疗师施赖纳（Irene Schreiner）提出，每天花 20 ～ 30 分钟认真讨论这一天的经历，有意识地分享那些让你感到压力、带来挑战或是计划之外意外发生的事情，能够有效拉近伴侣之间的距离，让倾诉者真切地感受到来自伴侣的支持，增强两人间的联结和信任程度。

（3）**建立共同记忆。**生理心理学研究指出，情景性记忆保留的时间会更久。情景性记忆是指和情景连接在一起的记忆，比如两人一起度过情人节、一起旅行、一起参加音乐会或者其他更有挑战性、更令人快乐的共同经历。伴侣双方不仅能在活动过程中感到满足，而且会增加对彼此的了解。更重要的是，这些经历会成为双方聊天的话题，成为更长久的回忆。此外，一些实体的纪念物也能增强双方的情感联结，比如双方共同创作的纪念陶瓷，一起积攒的明信片，一同购买的玩偶等，都可以通过象征的方式创造相互联结的感觉，创造更多共同记忆。

（4）**永远以最大的善意揣测对方。**由于异地的物理距离，很多时候，两个人隔着屏幕，容易出现透明度错觉（illusion of transparency）：我们以为自己和伴侣之间信息互通，但其实我们对很多事情可能并没法完全了解，这时就容易产生误会和冲突。而对于异地的情境，误会有时无法快速澄清和解决。所以，我们要学会以最大的善意揣测对方，相信他做某件事一定有自己的理由，并给他解释的机会，不要总把对方的意图往坏处想，这样能给双方的关系留下回旋、交流的余地。

（5）**强化对亲密对象的理想化。**亲密关系中的理想化是指个体在浪漫的亲密关系中有产生积极扭曲从而最小化问题的倾向。这种理想化可以理解为，将自己想象中的恋人来当作自己现实中的恋人，从而高估对方优点且忽视对方缺点的行为。强化对对方的理想化有助于形成积极的心理暗示，从而更好地应对异地恋生活中与伴侣的小摩擦。当然，这种理想化不能过度，否则会让人对现实中的伴侣有过高的预期和要求，反而不利于亲密关系的发展。

每个人都可以学会的心理干预技术

认识自己、了解自己是解决一切问题的基础和前提。请思考以下问题：如果自己遭遇与亲密对象的隔离，你会想些什么？感受到什么情绪？会做些什么？请参照 CBT 五栏表（见表 4-4）进行独属于自己的思考。我们非常鼓励大家独立完成第一次填写，在完成后再与他人沟通可以达到更好的效果。

表 4-4　CBT 五栏表

情境	请写出某一个具体的情境及相应的时间和日期
情绪	当你遭遇了那个情境，你的情绪体验是怎样的
自动思维	当你遭遇了那个情境，你的第一反应是怎样的
应对方法	有什么证据证明第一反应是合理的 有没有其他可替代性的解释 假如是真的。最坏的结果是什么？最好的结果是什么？最现实的结果是什么 假如你相信第一反应是真的，会给你带来什么影响。如果改变想法，又会带给你什么 假如你有这个第一反应，你该怎么做 假如你有一位朋友有了这个想法，你会告诉他什么
结果	你现在还有多相信第一反应 你现在有什么情绪，他们的种类和强度如何 你会去做什么事情

学点心理学

【认知行为治疗】

认知行为治疗是由亚伦·贝克在 20 世纪 60 年代发展出的一种有结构、短程、认知取向的心理治疗方法，主要通过针对人们的不合理信念进行认知上的认知重建来解决人们的心理问题。认知行为治疗主要着眼于不合理的认知问题，通过改变对自己、对他人或对事情的看法与态度对人们的身心状态产生影响。

【依恋】

依恋指一种情感纽带，指与某人（常指伴侣）保持亲近的倾向。依恋类型主要可以分为安全型（低焦虑低回避）、焦虑型（高焦虑低回避）、回避型（低焦虑高回避）和矛盾型。

【自我表露】

自我表露是指向一个人传达自己的思想、情感、需求和相关期望，且往往进行的是情感上的表露而非事实上的表露。

【理想化】

亲密关系中的理想化是指个体在浪漫的亲密关系中有产生积极扭曲从而最小化问题的倾向。

第二节　怎样走出失恋的困扰?

每个人对恋爱的需求都是不同的，有的需要浪漫的温柔，有的需要身体的欢愉，有的需要情感的支持，或者，有的只是想在某个人心中占有一点特殊的地位。因此，大多数人的一生中，会经历许多段恋爱关系。恋爱与失恋，就成了一个周而复始的过程。大多数的关系都不是“一辈子的”——在获得终身伴侣之前，人们总会经历各种各样的失败。所以我们该如何面对恋爱关系的破裂呢？这是每个人都需要思考的重要课题。

失恋，打破生活的平衡

21 岁的小 A 马上就要大学毕业了，现在对于自己和男朋友的关系感到非常困惑。小 A 和男朋友是在校内匿名论坛认识的，当时的小 A 被毕业论文搞得焦头烂额，所以每晚在匿名论坛上发帖向陌生人倾诉苦恼。一来二去和男朋友熟悉了起来。不久后小 A 表白，与对方建立了男女朋友关系。但是最近一段时间，小 A 发现，男朋友对自己总是若即若离。还经常不回复自己的消息，还告诉小 A 自己想要一个人安静一会。但小 A 总能在对方社交账号上看见他和别人一起出去吃饭玩耍的动态，所以感到很疑惑。过了几天，男朋友突然和小 A 提出了分手。这是小 A 第一次恋爱和失恋，她感到非常痛苦。这些天，她情绪低落，心烦意乱，无心学习，难以入睡。小 A 回想了自己的恋爱过程，和前男朋友相恋后，感情也很充盈，但因个性不合，观点分歧，几次因为一些小事发生争吵，这让对方感到越来越烦闷，在相处的过程中也越来越没有耐心。但对方提出分手仍然出乎小A的意料，突然陷入失恋的状态，打破了小A平静的生活，也让她无法集中精力来应对学习与工作。

结束关系的不同方式，给当事人带来不同的感受

人们结束关系的第一个主要区别在于采用的方式。有的人会向对方直截了当地提出分手，而有的人则更倾向于用一些间接的方式：不用主动说出分手也能够结束关系。百特（Baxter）认为人们结束关系的第二个主要区别在于个体分手的努力是指向他人还是指向自己。指向他人时，人们会设法保护对方的情感，在提出分手的同时给对方保留颜面，尽量维护对方的情绪和自尊心；指向自己时，这些人会更倾向于保护自己的利益和感受，即便是要以损害对方的情感为代价也在所不惜，这种情况通常表现在宣布分手的场合和沟通方式几乎不考虑对方的心情和反应。就目前已知的信息来看，小A的男朋友更接近于选择了第二种间接而自私的方法。虽然他最后明确说了“分手”但前期他主要通过疏离小A、消极对待感情，来表明自己想要结束这段关系，并且在正式宣布分手后，拒绝和小A的继续接触，这种结束情感的方式让小A陷入痛苦之中，这种痛苦一定程度上来自感到没有被对方尊重，没有被认真对待。

失恋，不仅仅是失去一段爱情

结束一段恋爱关系，不仅仅是失去一个亲密的人这么简单，很多时候失恋也意味着“主要社会关系”的失败。在《悲伤的本质》一书中，阿奇尔（Archer）最初以失去了丈夫的妇女为研究对象，探索了由丧失伴侣引发的悲伤，他认为这种悲伤是成本和收益之间“权衡”的结

果。人类建立的浪漫关系相较于其他关系具有多样且巨大的适应价值，但也有代价——如果伴侣去世，个体会产生一系列的情感和行为反应，阿奇尔称此为“承诺的代价”。如果处于分手旋涡中的个体具有焦虑、成瘾、抑郁等精神和身体特征，由分手所引发的情感和行为反应也会进一步被放大。悲伤通常会导致抑郁，抑郁往往伴随着与之相关的状态，如悲伤、内疚、无聊等。

分手在某种程度上也相当于失去了伴侣，所以也会触发以上所说的一系列相互关联的情感和行为。也就是付出分手后的“承诺成本”，因而导致经历抑郁、悲伤、焦虑、愤怒等情感状态和失眠、饮食失调、恐慌症等身体反应，以及关系后悲伤行为（postrelationship grief，PRG）。研究发现，那些先前有抑郁和焦虑问题的人在分手后会表现出更强烈的情感问题。一项关于预测误差的纵向研究发现，那些更爱伴侣、认为自己不太可能很快进入一段新关系和被分手的人，在预测自己分手后反应的时候尤其不准确。

小 A 从之前的关系中获得了情感支持，让她可以有能力走过那段困难的时期，而关系一旦结束，小 A 无法再获得这些情绪价值，她在这段感情中付出的情感、时间、精力等成本，也在分手时“沉没”。因此她很容易在失恋后感到抑郁、难以专注、失眠，这是正常且合理的表现。此外，考虑到小 A 更依赖对方，且处于被分手的状态，所以她也体验到了更高程度的悲伤。

关系破裂的原因和预测

更大规模的研究结果表明，大约有一半的男性和女性认为“缺乏沟通”是分手的首要原因，这个数量是不忠的两倍。小 A 和男朋友在恋爱后期明显缺乏沟通，彼此不了解对方的想法，导致关系渐渐疏离。

影响分手的因素主要可以分为三个方面：个人内在变量、关系变量与外在变量。个体内在变量指的是个体的依恋关系模式或者人格特质，关系变量包括爱、信任、自我表露、亲密度等将双方情感联结起来的因素，外在变量指金钱、物质和社会地位等因素。许多研究表明，关系变量比个体内在变量更能准确预测情感走向，个体因素的影响一直很小或不显著。与相互依赖理论的预测相一致，承诺至少在一定程度上起到了一种维持一段关系的行为意图和作用，所以关系变量中的承诺和依赖是情感走向的有力预测因素。2010 年，有学者对近 33 年来的 137 个关于非婚恋爱关系破裂的预测因素的研究进行了总结，结果发现，从个体内在变量来看，承诺、爱、自我对他人的包容和依赖是最有力的分手预测因素，而社会网络支持这一外部因素也是一个强有力的预测因素，人格测量的预测效用有限，对本质上的关系维度（如成人依恋取向）的影响很小，但如果某人在不同的阶段和不同的关系中都有过分手经历，就有可能和人格因素相关。令人惊讶的是，研究发现依恋相关变量并不能有效预测关系的延续，人们一般会认为在与父母互动中形成的依恋关系是难以改变的，但有大量的经验证据证明，这种依恋关系也是在发展变化的。依恋相关变量并不能有力地预测关系的延续。依恋在发展认知和情感过程中起到维护浪漫关系的作用。然而，在预测关系破裂的时候，依恋维度的预测能力有限。小 A 在无助和需要倾诉对象的时期依赖上男朋友，但双方缺乏承诺、信任等情感联结，这也预示着双方的关系不是那么牢靠和密切。

如何走出失恋的困扰

1. 战胜失恋的最好方法就是面对失恋

丧失是每个人一生中都必定会经历的，很多时候成长似乎就是在不停地失去。失恋作为亲密关系丧失的一种常见类型，显然会充满悲伤。但也正因为这是一种合理、正常的现象，我们不必为失恋后的伤痛打上“反常”“负面”的标签，相反更应该给予失恋者理解和关怀。

失去一段非常具有价值的亲密关系会令人格外痛苦。在与他人交往的过程中，对方已经在不知不觉中融入我们的核心自我概念中，如果失恋，也就意味着我们不得不将对方从自我中剥离，这是一个痛苦又煎熬的过程。但这种情绪并不是无法化解的，只要我们愿意去面对，一定可以痊愈。

一项有趣的体验式取样研究表明，弗吉尼亚大学年轻人在刚刚结束一段真正的恋爱关系时，和恋爱中的学生相比，会变得愤怒，感到痛苦，勇气和力量也在减弱。两周过后，他们对前任的感情就开始减退了，愤怒和痛苦也随之减少，进入了适应阶段。再过两周，他们的痛苦已经在很大程度上得到了缓解，心态也逐渐恢复。失恋一个月以后，他们对前任的感情就更少了，勇气和力量也逐渐恢复如初。

2. 这世界有太多不容易，但我们的生活还要继续

分手并不意味着关系的完全结束，人们在分手后会面临漫长的适应过程，或许和曾经的恋人也会继续联络，彼此之间的关系也会再次经历一些变化。未婚的伴侣分手以后，随着时间的推移，彼此的联系一般会越来越少。有 60% 的情侣，曾经的炽烈感情会慢慢消退。约有 1/5 的情侣在分手数月后发现自己对彼此更加真诚了。还有极少数的情侣在分手后重新找回了对对方的爱。也有些情侣分开后调和了矛盾，重获信任，最终成为朋友。

在另外一些情况下，分手后的恋人会彻底断开联系，他们的生活会经历剧烈的变化。他们在适应没有对方的生活时会遇到困难，他们可能会尝试和前任做朋友来帮助自己度过这个艰难的适应过程，但他们往往不能投入到与新朋友的交往中，在此过程中会表现出不安和笨拙，担心对方会率先“脱单”或者拒绝自己的主动联系。

但是无论以什么样的心态和方式去处理和对方的关系，无论联系与否，我们需要把握的主旨是，让自己好起来，让自己的生活以更好的状态继续，而不是任由自己反反复复沉沦在曾经的回忆和分手的情绪里。

3. 以己为景，重述恋爱

亲密关系结束的过程一般呈现五个阶段：第一个是个人阶段，伴侣一方变得不满意，经常感到沮丧和不悦；第二个是双人阶段，不幸福的一方会表现出自己的不满，另一方接收到这些不满信息后，双方会进入持续的协商、对峙或者尝试适应的过程，这个阶段往往伴随着震惊、愤怒、伤害，有时还会出现解脱感；第三个是社交阶段，双方不仅仅局限于关系内解决问题，他们开始公开宣扬自己的苦恼，向家人和朋友寻求支持和安慰。第四个是善后阶段，关系结束之后，痛苦开始减少，伴侣通过认知加工克服关系失败带来的挫败感，丢弃过去的伴侣关系，重新修正、整理记忆，创造出可接受的关系历程故事（即“叙述”）；第五个是重建阶段，单身的双方重新进入社交生活。

其中，善后阶段的“叙述”过程尤其重要。你可以尝试回答以下问题并列出叙述清单表（见表 4-5）：

（1）想想你曾在亲密关系之中遭遇的困难或麻烦。

（2）对这一事件你还记得什么？发生了什么？你做了什么？你感觉怎样？

（3）为什么你的亲密关系会发生这样的事件？

（4）你告诉过其他人这一经历和发生的原因吗？

通过这些问题你可以完整地叙述一个充满期望、情感和理解的故事，它往往能够给复杂而凌乱的事件带来秩序和情节顺序。对亲密关系结束的叙述能够使人明晰关系起步的历史，辨别伴侣的过错，理解关系中的问题，对分手做出反应，并明确今后的应对策略。

表 4-5　叙述清单表

想想你曾在亲密关系之中遭遇的困难或麻烦
对这一事件你还记得什么？发生了什么？你做了什么？你感觉怎样？

（续）

为什么你的亲密关系会发生这样的事件？
你告诉过其他人这一经历和发生的原因吗？

小 A 在叙述清单中，记录了自己看到男朋友和其他人出去吃饭玩耍的情景，她意识到自己和男朋友更多是活在校内论坛上，交流内容也主要是自己的困扰，对男朋友的现实生活并不清楚，而自己也没有主动想要了解男朋友，对男朋友的日常生活也没有太多关心。小 A 认识到那段时间自己过多受论文的困扰，无意识地依赖上帮助自己的男朋友，自己需要的更多是学业上的支持和陪伴，这种感觉不一定是对于爱情的需要，而她似乎也没有做好去爱一个人的准备，就建立了一段恋爱关系，也比较快地结束了这段关系。后来，小 A 和辅导员讲了这段经历，并在辅导员的帮助和支持下，去找导师和同学等人沟通，在大家的支持下，小 A 推进论文进度，逐渐回归到现实生活中，以新的面貌迎接新的生活。

俗话说“当局者迷”，或许我们自己眼中的故事，很可能在一定程度上有失偏颇，大家都常常以赞许的眼光描绘自己，为自己的行为辩护，来维护自尊，这种心理有时会让我们难以看清自己的处境，很难发现问题的症结所在。所以，可以尝试和他人描述自己的故事，得到表达和梳理情感的机会，获得他们的情感支持和鼓励叙述也有助于人们发现现实生活事件的意义。我们将自己的经历和体会叙述得越完整，构成我们亲密关系的人物、情感、时间序列和原因的条理性和细节越多，我们就能够适应得越好。以己为景，重述恋爱，能够帮助我们更好地了解自己、理解他人，获得幸福和成长。

使用空椅技术，让自己走向成长

空椅技术是比较简便且易行的方法，目的是帮助当事人全面觉察、分析体验，从而朝着更富生命力的存在迈进。主要是通过角色扮演的方式向他人说出自己的想法，或者表明自己的态度。这种方式可以陈述体验宣泄情绪，帮助当事人加深与人际关系和情绪的联结。此外，通过将对立面加以整合，通过同时表达一个问题的两个方面，可以解决我们在价值观、思想、感情和行动等方面的冲突。

具体来看，实施这项技术可分为以下步骤。在预热阶段，可以思考生活中的对立面，以及对问题持两面态度或矛盾态度的具体实例。

第一步，理解规则和原理。我们可以将两把椅子面对面地放置，这两把椅子分别代表事物的两面，让当事人认识到自身存在的两种对立的感受是十分重要的。在后续的各个步骤中，当事人将坐在代表一种对立观点的一把椅子上，对面的空椅子则代表与之相对的另一面。在当事人表达完自己处于这一立场的感受后，再换到另一把椅子上。

第二步，表达一方面的体验。当事人先选择自己感受最深的一面，比如当事人思考“我应该早就发现他不对劲了”，提出这一观点后可以再问问自己的感受：“所以我现在因此感觉到愤怒吗？”

第三步，表达对立面的体验。换到对面椅子上，表达与之前的立场相反的观点并调动真实的情绪反应。

第四步，继续转换角色。多次重复以上步骤，直至问题的两个方面的观点都已表达清楚，让当事人充分意识到事物的两面性，对主要问题和主要矛盾达成更加理性、客观、全面的认识。在这个过程中，可能也有机会获得解决问题的办法。

小 A 通过空椅技术，先是表达了对男朋友的不舍，之后又觉察到了对立面中的愤怒和失望，经过持续的角色转换，小 A 充分意识到维系这段关系的主要因素是自己在困境时刻对于对方的依赖和需要，两个人的感情不是建立在性格、喜好、信任的基础上的，因此缺乏现实基础。最后，小 A 也意识到自己应该感谢这段关系中对方的陪伴，而自己也应该正视自己，认识到自己的现实困境和需求，并学着依靠自己，从而走出失恋的困扰。

失恋是当代年轻人的普遍经历，这个过程通常都伴随着消极的情绪和身体反应，并且被分手的人会经历更强烈的悲伤。不同的分手方式往往伴随着不同的结果，尤其是一些间接的、不得体的分手方式会严重增加被分手一方的负担，伤害其感情。人们做出分手的决定往往有三个方面的影响：一是从自身出发，看自己的依恋风格和人格模式是否与该段亲密关系相适应；二是从关系方面考虑，恋爱是否能够给双方带来爱、承诺、社会支持、自我成长等积极感受；三是从一些外部因素考虑，如对方是否能为自己提供一些物质保障和社会地位的提升。

为了更好地适应失恋，首先人们可以回顾自己的恋爱过程并完整地叙述，充分抒发情感和认识彼此，来帮助自己更好地放下和接纳这段关系的结束。其次，我们应处理好分手过程中产生的负面情绪，并用科学的方式去尽快适应分手带来的变化，减少对自己日常生活的影响。最后，我们应该更客观、乐观地认识分手的后果，明白结束不一定意味着失败，要以积极的心态去肯定自己在一段恋爱中的收获，并期待即将到来的新生活，让生活朝着自己想要的方向发展。这样更能帮助自己在悲伤中释放能量，在失恋中收获成长，成为更好的自己。

学点心理学

【空椅技术】

空椅技术即 chairwork，目的是帮助当事人全面觉察、分析体验，使其朝着更富生命力的存在迈进。空椅技术常常运用两把椅子（一把或多把空椅子），请当事人坐在其中的一把上，扮演一个“胜利者”；然后再换坐到另一把椅子上，扮演一个“失败者”，以此，让当事人所扮演的两方持续进行对话。通过这种方法，当事人可充分地体验冲突，由于当事人在角色扮演中能从不同角度接纳和整合“胜利者”与“失败者”，因此冲突可得到解决。

第三节　如何远离爱情中的“搭讪艺术家”（PUA）？

爱从关系中来

血浓于水的亲情是在家庭关系中产生的，亲昵甜蜜的爱情是在恋爱关系中产生的，志同道合的友情是在朋友关系中产生的。情感是有来源的，是对一段记忆的主观体验。如果一个人没有在人类社会中生活，就无法产生相应的情感。

因此，我们每个人都是“具有社会性的动物”，都会希望自己有可以直抒胸臆的朋友，有可以风雨同舟的伴侣。我们相信，大多数人都是善良的，因为大家都会愿意用真心换真心。将善良托付给值得的人，才能让善良越来越多。

除双向受益的关系外，还有单向受益的人际关系，我们统称为：人际剥削。常见的人际剥削有：为了展示自己的优越性而贬低对方的穿着和言行，提供嗟来之食的帮助等。而恋爱中的 PUA 也是人际剥削的典型代表。PUA，全称 pick-up artist，原意是指“搭讪艺术家”，指男性接受系统化学习、实践并不断更新提升、自我完善情商的行为，后来泛指很会吸引异性、让异性着迷的人和其相关行为。随着 PUA 的扩张，其发展也走向误区，教学内容已不仅仅是如何搭讪。实际上已经出现了“五步陷阱情感操控术”等操作流程，通过设下层层圈套来达到情感操纵的目的，甚至引导对方伤害自己，极大地破坏了人际信任并且已经产生了不少恶性事件。

无爱者卑微如尘

M 女士从小家教非常严格，父母为了引导她成为一个好孩子，继而成为一个好人，经常对她各方面的小错误进行批评、大声呵斥甚至体罚。M 女士顺从着父母的要求努力学习进而成为一个好人，身边有很多人都对她有好感。然而，“看起来”生活非常幸福的她一直对自己要求苛刻，内心总觉得自己不够好，不值得被爱。在考上大学之后，她拒绝了很多喜欢她的人。

M 女士最终草草选择了一个给她带来长久痛苦的人。原本 M 女士喜欢运动、身体健康。但是在恋爱后，对方频繁说起对她的身材不满意，指责她太胖了、不好看，羡慕别人瘦小、漂亮的女朋友。M 女士备受打击，于是减少运动量，并开始节食，想办法变得苗条。后来，对方还要求 M 女士用节假日赠送礼物的方式来证明她对自己的爱与忠诚。M 女士顺从照做，但对方每一次都会挑出 M 的错误并借机进行贬低。结果，等到 M 女士过生日的时候她的男朋友却什么表示都没有。这一切都让 M 女士感到越发卑微。

和男朋友恋爱四年后，M 女士的精神状态已经非常差，出现明显的焦虑情绪，不得不通过经常洗手和喝酒来缓解，甚至一度想要自我伤害。M 女士曾经在很多网络平台（如知乎、微博、豆瓣等）上搜索了自己的情况，认为自己是强迫症，还看到有很多人都说，强迫症一定会复发、一定治不好等，让她更加担心。

为什么爱总是流向不缺爱的人?

M 女士遭遇了一个有 PUA 倾向的男朋友。目前有很多人将 PUA 视为利用和剥削他人来满足自身不合理需求的捷径。通过固定的套路赢得异性芳心，或者说是在“勾引游戏”中获得胜利。在过去的五年里，涉及 PUA 的丑闻频出。PUA 群体通常威胁、歧视和虐待女性从而获得关系中的控制权，进而完成人际剥削。这会让被 PUA 一方的心理遭到严重伤害，尤其体现在对于“爱”的需要上。

更为严峻的是，越是缺乏爱的人越是渴望爱，就越容易遭到 PUA。缺少爱的人，一方面容易被伪装出来的美好欺骗，草率交付信任，建立亲密关系；另一方面，当缺爱的人遭遇 PUA 时，因为缺少爱、温暖和同情的力量，很难反抗这种心理上的控制。而随着剥削关系深入，很多人会将这段关系视为唯一的爱的来源。如果这种剥削关系继续维持，当所有的心理资源都被消耗干净，被 PUA 者就会出现强烈的焦虑、抑郁和空虚感。此时，一旦对方抽身离去，后果将不堪设想。

喜欢进行 PUA 的人通常具有以下特点：

第一，朋友很少或与家庭成员关系不好。这部分人如果不使用 PUA 技术就无法正常同异性交流，有强烈的羞耻感、社交焦虑等问题，因此他们学习 PUA 有强烈的动机，很容易接受剥削他人的 PUA 理论。

第二，现实生活中缺乏与女性建立良好关系的男性榜样，不知道“如何成为一个男人”或者具体应该如何与女性互动。童年丧亲、父母离异或缺少其他榜样都会导致这一问题。

第三，学习 PUA 的人，通常会加入一个自己的圈子。在完成聚集后，会“沉迷于”搭讪异性，并将其视为一件物品、一顿美餐。只是想尽可能多地和女性发生性关系，而不想建立稳定的亲密关系。他们声称“女性只是内置复杂行为系统的生物机器，其存在的目的就是和他人保持协调一致，最大限度地提高自身生存和繁衍的机会”。这是非常错误的言论！不仅会给人们带来身体和心理的伤害，还会产生非常严重的社会后果，对人们的社会态度和人际思想都有极其恶劣的影响。

爱不止从关系中来，别怕，我的朋友。

当我们发现身边的亲朋好友可能遭遇 PUA 时，我们最应该做的就是为她们提供温暖的环境，认真倾听她们的感受，并强调这并非她的错，给予她耐心的陪伴，帮助她整理资料、联系律师和警察。

给予温暖、同情与爱的能力是非常重要的。因为缺少爱，又渴望爱的人，本身就有很强烈的羞耻感。羞耻感是难以直面的，为了避免羞耻与“丢脸”，人们有时甚至愿意冒死亡和重伤风险。羞耻不仅会让人们的抗压能力降低，还会影响到思维与行动。羞耻感较强的个体，通常容易退缩，遭到拒绝会更容易自责，难以向他人开口寻求帮助，因此这类人会尽量避免直面痛苦，转而采用回避策略（例如，让自己变得麻木）。羞耻感甚至是很多朋友关系或亲密关系破裂的根源。

羞耻感包括外部羞耻和内部羞耻。

外部羞耻是指当他人以愤怒或轻蔑的情绪消极地看待我，或者觉得我缺乏吸引力时，产生的被拒绝或受到攻击的感觉。外部羞耻是将“自我”体验为“生活在他人的头脑中”。高外部羞耻的人会认为社会不安全，并采取一系列防御措施，想要“不被看见”，并对信息处理产生强大的抑制作用，让人感到头脑空白、无法思考。

内部羞耻是由自我贬低和自我批评构成的。随着自我意识和社会意识的发展，人们开始和其他人进行比较，当发现他人比自己强大或有吸引力，并认为自己很差或没有价值时的一系列感受就是内部羞耻。如果一个人的内部羞耻很高，那么他在自我评价的时候，就会认为自己是不完善的、有缺陷的或者是坏的。

羞耻感对人们的影响过程有两个阶段。人们会先经历外部世界对自己的反感，再内化成为自我贬低和自我批评。如果长期生活在被排斥与反感的环境中，会不堪重负，很容易出现内心麻木。在这个过程中，无论是内心还是外界，都没有安全的地方来帮助安抚自己，让自己平静下来。

羞耻感会导致一个人的自尊降低，并陷入恶性循环：在经历挫折后，低自尊的人比高自尊的人更不愿意改善自己的情绪，更容易因情绪低落而失去精力和信心，更难接受自我批评。情绪低落会引发自我批评，使情绪进一步低落。

而且，羞耻感和自我批评是无法通过简单地讲道理（纠正不合理的认知）来改善的。只讲道理是无法让对方感受到爱、温暖和同情的。虽然减少自我导向的敌意对于帮助高羞耻人群减少自我批评很重要，但他们无法通过这种方式被鼓舞。

习惯自我批评的人并不认为自己害怕被拒绝，内心却存在着一种恐惧情绪。如果潜在的恐惧得不到解决，他们就不会放弃自我批评。例如，自我批评有一定的功能，可以让人控制负面情绪、投身工作，这样就能“在世界上赢得一席之地”。如果放弃自我批评，可能就无法努力，无法发现自己的错误，也永远找不到别人爱她或重视她的地方。和“永远找不到归属”相比，自我批评的痛苦反而不重要了。

下面是自我批评的发生发展过程（见表 4-6），供大家参考。

表 4-6　自我批评发生发展表

早期创伤： 如虐待和忽视、欺凌或父母 / 同伴的批评	基于感官的自传体记忆具有创伤的性质。如果不解决这些问题，人们很难感到安全。例如，一个人可以生动地回忆起母亲脸上“仇恨的表情”，以及当母亲发怒时他 / 她自己的恐惧。这些经历奠定了情感记忆，也是生活中承载有关恐惧的重要基础 恐惧分为两种类型，外部恐惧和内部恐惧。外部恐惧与外界对自我的影响有关。例如，别人有能力拒绝和伤害我；他们随时都可能变得讨厌。内部恐惧与焦虑、恐慌、羞耻、抑郁或愤怒有关，觉得无法控制自己
认知行为： 基本的安全策略 / 行为 / 信念	如何保护自己免受外部攻击和内部出现的有害情绪的影响？人们会试图避免受到他人的伤害，其表现为过分顺从和不自信，责备和隐匿自己，总是把他人的需求放在第一位，不信任他人并与他人保持距离，或者过分努力地让自己成为他人所喜欢的人。或者采用回避策略，欺负他人或与他人保持距离，避免亲密关系。很多人也会通过让自己遗忘相关记忆、酒精依赖、伤害自己的身体、提醒自己的错误来表达内心对自己的厌恶
意外后果： 最初为保护自己免受外部和内部威胁而做出的不可承受的努力，往往会事与愿违，产生意想不到的后果	过分顺从意味着别人可能不会认真对待你；总是把别人的需求放在第一位意味着一个人不知道自己的需求和价值观是什么，也不知道如何满足它们。批评自己并试图减少错误（从而减少来自他人的威胁）会导致疲惫，并且很难和自己和平相处。与他人保持距离并高度自力更生会导致孤立的感觉，永远不会真正感觉到自己是整体的一部分，会出现“我总是局外人”的感觉

（续）

针对意外后果进行自我批评：	一位顺从的女性说，她恨自己总是那么顺从，让恐惧压倒了她。一名酗酒的男子说，当他退后一步，看到自己的酒瘾对他造成的影响时，他恨自己的软弱，变得沮丧，却选择继续酗酒
自我批评关键过程	自我批评代表着指向自己的攻击、蔑视和厌恶
	自我批评会导致难以对自己表达温暖、安慰和喜欢

针对这种情况，我们需要先了解下面的概念：人类温暖系统和“三圈”模型。

哺乳动物的关键进化是对婴儿的依恋和照顾。许多哺乳动物（尤其是人类）需要对关怀和爱意的信号做出反应，并进化出了依恋机制，是这些信号让人产生了安全感。

人类有威胁和自我保护系统、驱力系统、和亲和/安抚系统分别面对外界的威胁、寻找生活的资源和处理人与人之间的关系，它们分别管理负面情感、正面情感和社会安全感，被称为“三圈模型”（见表 4-7）。

表 4-7　三圈模型

三圈模型	系统 1：威胁和自我保护系统，包括威胁情绪（愤怒、焦虑、厌恶）和相关防御行为（战斗、逃跑），具有（快速）检测和应对威胁的功能，并保持安全/无伤害。主要代表激素是肾上腺素
	系统 2：驱力系统，包括激活/激励情绪与奖励（兴奋、喜悦、愉悦）情绪，这些情绪具有检测、寻找和获取对生存和繁殖至关重要的资源的功能。主要代表激素是多巴胺
	系统 3：亲和/安抚系统，包括亲和情绪（满足、舒缓、安全），并具有检测和响应（社会）安全线索的功能，有助于人们保持平静、安定。主要代表激素是催产素

说到这里，M 女士作为缺爱者的困境就可以得到解释。在长久以来的批评教育和严厉的生活环境中，她的亲和系统并没有得到很好的发展，反而产生了很强的羞耻感和自责倾向，这是她不离开虐待关系的原因之

一。而且，自我批评水平越高，自我安慰越少，自我同情就越困难。

亲和系统本身是前两个系统的自然调节系统。如果该系统不能很好地发挥作用，那么系统 1 和系统 2 在应对现实生活的压力时就会被过度激活。那么解决问题的关键也呼之欲出，那就是让爱、温暖和同情流向自我，让人们首先学会自我同情，然后激活亲和系统。

让爱淌过心房

要激活亲和系统，拥有自我同情的能力，就要先了解它。同情与生物的进化、情感和认知行为能力有关，涉及许多关键能力：

（1）觉察他人动机的能力。

（2）发现痛苦、直面苦难和处理痛苦的能力。

（3）对痛苦情绪保持同情的能力。

（4）痛苦容忍——忍受痛苦的能力，而不是回避或试图控制另一个人的情绪。

（5）能够认识到自己的情绪和思维，以及他人的情绪和思维。

（6）最关键的是：不批评他人现状的"非审判能力"。

任何一个方面出现问题都会使同情变得困难。要实现自我同情需要在以下方面发力：我们真正关心自己的福祉；能够觉察、同情和容忍我们的痛苦；发展对其根源和原因的深刻理解（同理心）；变得不评判/挑剔，培养自我温暖。

温暖的起点通常是：体验他人对自己的温暖。这些带有温暖感觉的记忆可以成为内部经验的体验，从而成为自我同情的参照物。因此，在这里我们邀请大家创造自己的温暖形象。

第一种方法是：思考或回忆同情自己和同情他人时的内心感受（例如，想象照顾一个孩子或照顾自己时的同情心和温暖感受）。这种方法可用于解决持续不断的反刍和自我批评的问题。

第二种方法是：想象一个理想中的温暖形象。这个形象智慧、温柔、强大且不会审判你。

我们可以在脑海中创造一个富有同情心的树、海、太阳或动物的图像，也可以选择将自己的图像嵌入安全场景的图像中。关键在于，创造出来的图像具有能够理解自己、能够与自己沟通的，具有上述品质的“头脑”。因此，如果你创造的富有同情心和抚慰人心的形象是海洋，那么海洋的形象是深邃的、包容的、开放的、沉稳的、有力量的，具有智慧、力量、温暖和非判断/接受的品质。

当我们发现很难改变自我批评的想法或感觉时，可以率先关注这个富有同情心的形象，并想一想“我的富有同情心的形象/完美的养育者会对我说什么？”，这是同情重构的过程。在处理感官记忆（比如被虐待）时，我们也关注同情的形象，并想象它会使我们产生什么感觉、说什么和采取什么行动。我们在面对外界的或者内部的威胁，然后想起自己的羞耻或自我攻击的想法时，可以通过寄托在同情形象的情感系统获得相应的力量。让我们一起“感受”充满力量的图像，专注于同情自己的痛苦，然后用同情的注意力、思考、行为和温暖重新定义目前遇到的困难。

我们也可以写一些信件，内容可以是理想的温暖形象对我们的看法、评价和行动。在写作中产生富有同情心的温暖是很重要的，即使刚开始我们有可能写出一些有点冷漠的信，或者告诉自己应该做什么或不应该做什么。但是，这不意味着失败和结束，相反，我们应该寻找更多的同情，搭建出更温暖的状态，去继续尝试关爱自己。

每个人都可以学会的心理干预技术

如果我们能够专注于同情，就能努力激活新的能力，并进一步接纳自己、关爱自己。其实，许多人从未意识到自己对自己的敌意，从未进行过自我同情，也很少记得有人安慰过他们。

如果你也面临自我批评和自我同情的困难，我们邀请你一起完成自我同情表（见表 4-8）。如果你能够做到，请在相应的条目后面做好标记，如果无法做到，可以根据前文提到的表 4-4 CBT 五栏表进行基础练习，或寻求温暖者或相应专业人士的帮助。

表 4-8　自我同情表

元认知	稳住自己的心态，重新集中注意力，不着急给自己或他人下判断
情绪	将自己置于一种同情和富有同情心的心态中，在脑海中产生富有同情心的形象
认知	考虑非自我批评的可能性，并改变自己的想法
标志	产生温暖和爱的感觉，不要太在意“证据的准确性”，爱自己是第一位的
阶段一	只会爱别人，却不会爱自己
阶段二	突然意识到同情心的存在，只是不知道如何用它来对待自己
阶段三	感受同情的美好和平静，知道这样对待自己是可以的，而不会为此感到内疚或难过
阶段四	当感到害怕和困惑时，能够利用这一点，让自己冷静下来，把事情摆在正确的角度，对自己说“感觉这样没关系”

学点心理学

【同情心训练】

同情心训练（compassionate mind training，CMT）是 2006 年由吉尔伯特（Gilbert）正式提出的一种以认知行为治疗（cognitive behavioral therapy，CBT）和辩证行为治疗（dialectical behavior therapy，DBT）为基础的疗法，内容主要包括心理教育、苏格拉底式讨论、引导式发现、学习思维、情感监控、追寻情绪来源、接纳、测试想法和行为实践。

CMT 认为有一部分人没有机会发展爱自己的能力。因此，我们必须了解他们的痛苦来源，让他们能在挫折和失望的背景下保持温暖和自我安慰。对威胁的反应通常是个人习惯，并且与情绪记忆密切相关。在我们能够有意识地影响它们之前，这种反应就已经发生了。因此，最重要的是帮助人们认识到：自动反应不是他们的错，也不是很容易控制的，它的产生有诸多原因，我们要去识别它，但不需要为此过分苛责自己。

第四节 伴侣之间怎样更理解彼此?

人类的悲欢并不相通吗

常言道，“理解万岁”。每个人都期待被理解，在亲密关系中也是如此。爱情里，相互理解是幸福的基石。然而，我们总能遇到自己无法理解的人和事。鲁迅先生有一句名言：“人类的悲欢并不相通。”这句话的背景是鲁迅先生在同一时刻看到楼下病重的男人、听留声机的邻居、打闹的熊孩子，以及狂笑、打牌、哭丧的形形色色的人。人人都沉溺于自己的生活，人与人处于孤立的状态。那么，我们到底能不能在感情中做到感同身受呢？下面我们就来谈谈伴侣之间如何相互理解。

到底是谁受了委屈

L 女士是一名家庭主妇。婚前与丈夫非常恩爱，婚后 L 女士全职在家照顾老人孩子、操持家务。由于孩子体弱多病，需要频繁看医生，L 的压力很大，常常提心吊胆、担惊受怕，时而担心孩子生病，时而担心老人生病。她每天忙碌于家务，很少有属于自己的时间和社交生活。L 女士觉得自己牺牲了许多，每天辛苦在家忙碌，照顾孩子，但是丈夫对 L 的态度却越来越差。丈夫回家以后经常疲惫地坐在沙发上，什么都不说，什么都不干。丈夫还向L抱怨，自己工作很辛苦，家里开销大，自己忙于工作，没有时间放松，就连以前的一些兴趣和爱好也都放下了。L女士心里很委屈，对丈夫站着说话不腰疼的态度感到很心烦。说丈夫就是每天上班而已，回来什么都不干，有时看到孩子哭了也不哄一哄。夫妻间的抱怨越来越多，直到爆发剧烈吵架，闹得全家鸡飞狗跳。

为什么一个人的付出无法被另一个人看到？

现实生活中，夫妻互不理解、发生争执的情况不算少见。因为是否与长辈同住而争论；因为自己的付出和牺牲，如辞职或放弃学业，没有得到对方的认可而生气；因为孩子在哪里上学、房子买在哪里而产生矛盾；因为要去吃什么而争吵，等等。

在这些情境下，每个人都觉得自己付出了很多，所以就理应获得对方的理解、支持与安慰。但生活的压力是非常沉重的，这让大部分人仅仅关注自己的生存。假如一个人的脑海中没有预先留存关于他人信息的位置，就无法照顾他人。

在日常生活中，有三种情况会导致我们失去对他人的理解能力，分别是缺乏同理心、人际隔阂与习以为常。

第一种情况，一直都没有发展出对他人思想和行动的思考功能，通俗的说法叫缺乏同理心。意识不到对方也是一个独立的个体并且他们的思想和行动会和自己不同，于是难以理解对方的情绪和感受，无法开放和灵活地面对问题和解决冲突。常常容易陷在自己的世界里，认为他人应该理解自己，只想满足自己的需求，却看不到对方的需求和感受。当感觉对方没有理解自己时，就会感觉不舒服。在面对关系中的差异和冲突时，无法做出有效的回应，处于被动等待的状态。这样的人还经常有抱怨心理，觉得自己被对方理解是理所当然的；而越是渴望被理解，就会提出越多的要求和抱怨，并无意识地指责和埋怨对方，从而让双方变得更疲惫。

第二种情况是存在人际隔阂。在信息传递过程中，由于各种因素影响，常常会导致误解，表达者要传达的信息和接收者接收的信息不一致。有研究表明，人际隔阂更容易出现在亲密关系中，而不是陌生人之间。这是很多人经常容易忽视的一点，尤其是在中国文化当中，家人会被纳入自我范畴，在信息传递时候也会默认对方知晓自己的诸多信息。在电视剧《中国式离婚》中，妻子对丈夫的怀疑、吵闹、埋怨就让对方非常痛苦。而丈夫忙于工作，很少和妻子沟通，态度冷漠，加上丈夫和女同事之间的互动，都让妻子感到焦虑和无助。

第三种情况是我们本来可以考虑他人的存在，但是由于忙于自己的生活，忘记了考虑对方的感受。《习惯的力量》一书中提到，人们每天有 40% 的行为并不是真正由决定促成的，而是出于习惯。很多人在步入亲密关系较长时间后，放弃了对情感的经营，不再像刚恋爱时那样对彼此上心，比如了解对方的想法，为对方精心准备晚餐，或者陪对方做喜欢的事情等。面对一方的辛苦和操劳，另一方觉得是应该的、理所当然的，不需要感谢和理解。长此以往，习惯变成了漠然和熟视无睹，彼此都会对对方失望。案例中的 L 日夜操劳家务、照顾孩子，丈夫没有表达对妻子的理解和感谢，而丈夫在外面工作、赚钱养家，L 也没有表达理解和共情，L 和丈夫双方都在为家庭努力和付出，可彼此都习以为常，觉得对方只是做了应该做的，因此日积月累，双方都很委屈，不理解彼此，感情也不如从前。

理解自己才能理解他人

《共情的力量》一书中提道："共情的实质，是把你的生活扩展到别人的生活里，把你的耳朵放到别人的灵魂中，用心去聆听那里最急切的喃喃私语。"在亲密关系中，我们需要增强自己的同理心，不仅要感受自己的想法和感受，还要设身处地体会对方，用心去理解彼此。

首先，在遇到事情时，我们需要先自我觉察，认清自己的思维、情绪和行动，先理解和感受自己，这样就有了理解他人的基础。如果还没有掌握这项能力，可以在前文中学习。

其次，我们应该以第一人称视角来看待对方，理解对方的行为、动机。通过换位思考，明白对方的想法和感受。比如，前面案例中的 L 尝试设想自己处在丈夫位置时的情境：丈夫在公司里要面对繁杂的工作、领导的苛责和同事的竞争；回到家要面对各类账单费用。生活的压力很大。所以想要得到妻子的陪伴和理解也是人之常情。因此，L 在丈夫回家时，开始主动聊天沟通，给对方做了喜欢吃的菜，传递了温暖。丈夫对 L 的回应也随之变得温柔，饭后主动去收拾餐具和刷碗，并陪孩子读书、讲故事。通过分担和陪伴，丈夫也意识到 L 日常操持家务的辛劳和不易，并对自己以前忽视 L 的辛苦表达了歉意，向 L 为家庭的努力和付出表达了感谢，并和 L 一起规划未来，比如等孩子大了送到幼儿园之后，L 找一份喜欢的工作，两个人共同承担家里的经济责任等。

最后，要增强理解的灵活性。人无完人，要理解对方的处境和难处，同时也要保持自我的独立性。在电影《美丽心灵》中，纳什的妻子刚开始无法理解丈夫的行为，但在了解丈夫所患的精神疾病及治疗过程后，她开始理解丈夫的痛苦，不离不弃，陪伴丈夫一起面对各种情况。故事的最后，纳什获得了诺贝尔奖，在他的学术成就背后，是两个人之间的相互理解散发出的人性光芒。

如何提高我们对自己和他人的理解能力？

“心智化”（mentalization）是心理学中的重要概念。心智化是对人，包括自己和他人的心理状态的关注和理解。知道此时此刻自己在想什么，别人在想什么，并且可以确认这种想法的真实性。比如，在喝酒以前知道自己是因为应酬或者因为缓解痛苦而要喝酒了；在做出冲动行为之前，知道自己在做什么或者看到一个人哭泣，能够根据信息推断出对方哭泣的原因并进行验证，而不是自顾自地按照自己的理解去解释对方哭泣的原因。我们常常把心智化比喻成“暂停键”。这样说吧，如果我们的认知告诉我们 1+1=2，那么我们的心智化告诉我们的是：我知道

1+1=2，且我知道自己懂得这个知识。

心智化并不是凭空产生的，我们的身体有相应的生理基础：分别是共享表征（SR）系统和精神状态归因（MSA）系统。其中对情绪进行直接处理、感受他人精神状态依靠的是SR系统，而心智化则更依赖MSA系统。SR系统基于前额叶的镜像神经元系统，这意味着，我们可以直接模拟他人的心理感受，它让我们从内心了解另一个人的感受。比如看到人受伤，我们也会感觉到痛苦。MSA系统以更抽象的方式处理关于自我和他人的信息，是需要依靠人际关系形成的，直到青春期才发育完全。SR和MSA系统是相互作用的，MSA系统可以对SR系统进行自上而下的调节和校正。这就是为什么，我们可以理解他人，但总将自己的心理感受（基于SR系统提供的自我到他人的直接映像）与他人的心理感受混为一谈。我们会习惯性地基于自己的身体和经历来理解他人。

如果我们的心智化功能受损，通常会出现三种经典模式，我们可以参照心智化功能受损表（见表4-9）的表格进行对照。如果发现有类似的表现并且有改变的想法，可以及时进行学习和调整。

表4-9 心智化功能受损表

受损模式	表现
精神相等模式	在这种模式下，思想和感觉会变得过于真实。人们只考虑自己的观点，并且认为自己的观点是唯一可能的、真实的、正确的。比如，如果我认为你讨厌我，那么你就肯定会讨厌我，如果我认为他想和我谈恋爱，那么他就一定想和我谈恋爱。我想的就是真的。这种模式反映了自我对他人、外在对内在、情感对认知的支配
目的论模式	在这种模式下，只有当下存在的、可观察到的目标导向行为和客观可识别的事件是有效的。比如，只有给我买这部手机才是爱我的表现，只有带我去旅游才是爱我的表现，只有秒回我的消息才是爱我的表现。只要不符合“只有”的要求，就是不爱我。这种模式反映了极端的外部聚焦和瞬间失控的心理状态

（续）

受损模式	表现
假装模式	在这种模式下，人的思想和情感会与现实分离，会陷入无休止的思辨，会用非常抽象的东西解释一切，或者沉浸于无限的情感之中。这些认知和情感都与现实毫无关联，在极端情况下，会导致情感关闭。比如，喜欢跳出自己的身体和大脑，仿佛自己不存在一样，然后感受宇宙和世界的变化与奥秘。或者长期沉浸于各种高强度的情感之中，比如一直感觉到被抛弃的恐惧，喜欢沉浸在所谓死亡的“浪漫和解脱”，这种模式反映了一个人对自己的内部关注不足，现实检验和推理能力差

每个人都能学会的心理干预技术

心智化的锻炼着实需要付出不少的努力，而且仅依靠个人的学习和思辨是很难提高的。心智化诞生于人际互动之中，也就必须在人际互动之中得到发展。我们需要寻找一些同伴组成学习团体，在团体内分享自己的知识，接受和理解他人的信息，并进行验证和确定，最终促进自己的心智化发展。可以根据心智化练习（见表 4-10）的表格，有针对性地对心智化的细分方面进行练习。

表 4-10　心智化练习

练习	活动
投射性的刺激	团体成员共同审视一个描述人际情境的模糊刺激，比如一个人去菜市场买菜，然后每个成员都构建一个故事，将这些故事总结在黑板上，团体成员要去解释其他人和自己的故事
了解隐喻	团体成员为目前的故事创造一个隐喻，将隐喻也写在黑板上，团体成员要去解释其他人和自己的隐喻
心智化情境	团体成员客观描述一个有情绪载荷的人际情境，在描述时不提及参与者的心理状态，而其他团体成员需要明确讲出他们对有可能涉及的心理状态的推论和看法

（续）

练习	活动
预演性的角色扮演	一位团体成员选择一个同伴来预演一个即将发生的互动（例如在家庭工作中），这个互动可能具有一定的挑战性。团体对这个互动进行讨论，从而促进团体成员对他人视角的觉察力
观察非言语的互动	两个团体成员志愿者坐在团体面前，在不说话的情况下互动几分钟，然后剩下的团体成员尝试推断出每个志愿者有何想法和感受
鉴别假象	每个团体成员写出一个包含 5~6 种人格特质的清单，其中有一个不是他 / 她的人格特质，然后其他团体成员基于他们对这个人的了解，尝试鉴别出那个假的特质

经过练习，L 发现，除却日常的开支和房贷，自己经常希望老公给自己买一些贵重的包、衣物和化妆品，这无形中会增加很多经济压力。于是，为了省钱，L 没有接受老公雇保姆的提议，把照顾家庭的任务都揽在自己身上，日复一日的辛劳让 L 负重不堪，抱怨老公不理解自己。L 有计划地做出一些现实的改变，比如尝试周末在家兼职做一些副业，老公则在周末的时候带孩子，双方互相理解和帮助，共同承担家庭和生活的担子。

在练习过程中，我们要时刻记得保持关系和谐，不破坏关系。这样的沟通才能增进彼此的理解，通过理性的沟通与善意的表达，让彼此在现实的压力和负担中找到可以停顿和安歇的港湾。

尽量保持冷静，不被情绪冲昏头脑。先表达对于对方的信任和包容，化解一些累积的情绪。这样能避免自己的单一认知造成误解，也会让对方感受到善意。

轻易不吵架，不贸然指责对方。发“你不理解我”或者“你总是这样”这样的牢骚只是为了发泄情绪，我们应该详细谈论自己的感受，并寻求对方的反馈。比如一对情侣发生了如下对话。女生对男朋友说：“你回了家什么都不干！”男朋友说：“我怎么可能什么都没干，你还让我去买水果了呢，我忙了一天那么累，你还让我去水果店，排好长的队，等了好久，我才买到。”女生反驳说：“你回家后什么都没有干！”于是双方突然开始争吵起来。女生其实可以这样回答：“辛苦啦，水果很好吃，但是这几天我们在一起的时间很少，我感觉有点孤单。”女生说出了自己的情绪和感受，男朋友也会注意到女生的感受，双方开始尝试理解彼此。

在可能的情况下，提供实际的可选解决方案。假设你为伴侣做的某件事感到难过，可以建议对方用不同的方式来处理，比如“你愿意做一些……吗”或者“你有一些其他的想法吗”以及“我们可以……你觉得怎么样呢”。

我们可以尝试，邀请家庭成员一起坐下来开诚布公地聊天，增加彼此的了解。比如可以了解对方的家庭背景，看看各自的长辈对子女的影响。用开阔的眼光和角度看待个人的行为和彼此的互动，会带来一些新的理解和认识。用系统的眼光看问题，可以帮助我们扩大思维范围，发现更多。通过系统的互动，探讨不同的可能性等，就可以在具体的情况下讨论出更有效的解决方法，增强对彼此的理解。

学点心理学

【心智化治疗】

心智化治疗来源于依恋理论，第三代依恋心理学家彼得·福纳吉（Peter Fonagy）提出心智化的理论与治疗技术（mentalization-based treatment，MBT）。MBT 最初用于治疗边缘型人格障碍，目前广泛用于理解和治疗如饮食失调、药物滥用、反社会人格、母婴治疗、儿童治疗、家庭治疗和夫妻治疗等领域。

MBT 针对认知加工本身的不足进行治疗和弥补：如何正确而理性地反思自己的人际加工模式和功能的缺陷。如何在生活中调整自己的状态，提高自己可使用的元认知资源，增强对自己和外界的理解、适应和平衡能力。真正学会反思，而不是将自我批评当成反思。缺少反思功能的人会在自我 – 他人、外部 – 内部、情绪 – 理性、主观 – 客观，四个维度上出现极端的偏向。

第五章
【存在主义】
直面现实，让婚姻更稳固

除了如何生存，其他事情都已经介绍得非常清楚了。

——让-保罗·萨特（Jean-Paul Sartre）

第一节　如何选择真正合适的伴侣？

目前，社会上流行着一种说法叫作“理想型”伴侣，即你理想中的另一半应该是什么样子。每当人们在畅想自己想要的恋爱或者结婚对象时，这个“理想型”也会越来越丰满，但研究表明单身的人其实并不太了解自己对未来伴侣有什么样的要求和期待；另有研究证明，如果我们按照单身的人的要求，为他们找到合适的伴侣并介绍他们见面，他们中的很多人都会马上对自己的选择反悔。所以，我们该如何解决这一大难题，在选择伴侣时做出适合自己的决策呢？

婚姻就是找个人搭伙过日子吗

最近，小 A 和父母因为婚恋问题产生了一些矛盾和困扰。小 A 现在 28 岁了，毕业后通过自己的努力进入了一家头部互联网公司工作，自己的小日子过得有滋有味，但是她的父母总是觉得她现在的状态有问题，因为她到现在仍没有结婚的想法。每次小 A 回家，父母总是要各种打听小 A 的感情状况，一旦发现小 A 仍没有男朋友，便会变得非常焦虑，开始各种软磨硬泡要求小 A 去相亲，小 A 不胜其扰来向咨询师求助。

小 A 表示自己并不是不愿意结婚，只是目前并没有遇到合适的对象，她想把选择伴侣的权利掌握在自己手中，想找到一个和自己各方面都相对契合的人，而不是因为一些外界压力被迫进入婚姻，这样可能并不会幸福。但她的父母认为，女儿孤身在外打拼，孤独寂寞的时候没有人陪伴，遇到困难没有人帮助和照顾，虽然有很多热心的朋友，但毕竟不好意思总麻烦人家。如果结了婚，有个人照顾女儿会让他们更放心，两个人共同抵御各方面风险的能力也会增强，比如两个人的经济能力总是比一个人强的。两代人的想法不同，双方为此僵持不下。

在日常生活中，父母和子女因为择偶问题产生矛盾是一个非常常见的现象，年轻人可能更在意自己的感受，选择自己喜欢的类型，父母则更看重婚姻带来的外部保障，这两种观点其实都有其合理之处，那么我们该如何选择未来的伴侣呢？

从进化视角看两性择偶差异

两性的恋爱与择偶问题是人类自诞生以来面临的最重要的问题之一，人们选择伴侣的策略具有进化论的特征。在进化过程中，人类面临的最大的两个问题就是生存和繁衍。远古时期人类的生存环境恶劣，繁衍便是重中之重，因此人类为了使自己的基因传承下去，必须挑选合适的配偶并成功繁衍后代。

根据人类择偶的进化模型，人类的交往策略是十分复杂的，他们既可以灵活地选择长期交往策略，即在关系中表现出忠诚与责任，并且投入大量资源到抚养后代的过程中去，也可以选择短期交往策略，即尽可能地寻找和追求有更高投资潜力的对象。尽管这两种策略对两性都适用，但由于两性在生理及社会角色上的巨大差异，两性在挑选配偶时的原则存在一些差异。

跨文化研究发现，男性对短期策略表现出强烈的偏好，而女性则强烈偏好长期策略，但是无论是选择长期伴侣还是短期伴侣，女性都更倾向于选择拥有更加优秀的基因、占有较多资源和保护能力较强的男性，这样既可以保证后代的基因质量，也更有利于其存活与成长。特里弗斯（Trivers）提出的亲代投资理论解释了这一现象：男性之所以会选择短期择偶策略是因为这种做法所获的繁衍收益远大于女性，男性在人类繁衍中扮演一次性投资者的角色，女性无论与多少男性交配都必须经历十月怀胎，且通常只能得到一胎后代。现代男性虽然不能合法拥有多个伴侣，但仍然从祖先那里遗传了喜欢与多个配偶发生短期性行为的偏好，生物学上把男性这种追求配偶多样性的偏好称为“柯立芝效应”。小 A 作为女性倾向于在择偶过程中权衡多个方面的因素同样也是受到了长久以来人类进化出的择偶倾向的影响。

从进化视角看父母、子女择偶差异

父母和子女在子女择偶中的矛盾其实也能看到进化论的影子。父母 - 子女冲突理论认为，父母和子女对潜在伴侣的偏好可能不同：相较于为子女择偶，父母在为自己择偶时更重视自己伴侣的生物质量（如健康、基因好等），但是为子女选择对象时，则更重视在后代伴侣身上的投资潜力。正如特里弗斯所指出的这种父母－子女冲突的现象会进一步影响后代的配偶选择。在许多社会中，父母对后代的择偶决定有着强有力的控制，在我们过去的大部分进化过程中都是如此，这表明父母对后代配偶的偏好可能是一种重要的进化力量。

择偶对象性别也对择偶偏好有影响。比如男方及其家人会认为对方的外表相较收入更有价值。女方则更看重对方的投资潜能。

2018 年的一项研究以云南某相亲市场中的 589 名父母和年轻人为研究对象，为他们提供了收入水平（代表投资潜力）和身体吸引力（代表生物质量）各不相同的假想的择偶对象让其权衡选择。结果发现，父母和儿子之间没有明显的冲突，即使在外貌吸引力和收入之间存在权衡，但双方都优先考虑外貌。尽管数据表明，外貌上的吸引力对父母来说没有很大的作用，但对父母和儿子来说，儿媳的外貌仍然比收入重要；只有在后代是女儿时，父母和女儿在择偶问题上才存在冲突的情况，因为相较于父母，女儿更倾向于看中配偶的外表评价。当不太好看的男性与高收入结合在一起时，父母倾向于选择长相不太好看的男性，这可能是由于父母对女儿离婚或分手风险的厌恶，比如生物质量高的伴侣可能有更多的机会找到更好的伴侣，并离开他们目前的配偶。女性离婚的成本比男性高得多（特别是在再婚机会方面），因此，有女儿的父母不会选择生物质量过高（风险太大）的女婿，以降低女儿离婚的概率，防止未来投入更多成本来弥补女儿配偶缺失带来的损失。

小 A 的父母更看重男性的投资潜能，如能否为小 A 提供物质生活上的保障，其他方面迁就一些则没有问题，而对于小 A 来说，她本身就非常优秀，拥有良好的工作和收入，她对伴侣的要求就更加多元化一些，更重视生物质量及心理品质方面的契合。双方没有在权衡的过程中达成一致，由此引发矛盾也就不足为奇了。

如何挖掘自己的内心需求，找到契合的伴侣

小 A 迟迟没有谈恋爱，其实还有一个很重要的原因：小 A 并没有在和他人的相处过程中发现和自己性格契合的人，也并不知道什么样的人是适合自己的。从存在主义的角度来看，想要确定自己究竟想过怎样的生活，需要“综合全局”后进行选择，即要意识到生活的多面性。当人们在生活中面临困扰来寻求心理咨询时，常常寄希望于咨询师能够提供一些深刻的洞察，让人恍然大悟，但是存在主义认为，单纯依靠恍然大悟来改变原有的生活模式是不可能的，而是要通过比较个体自身的优势和局限性，去探索自我中常常被忽视和遗忘的地方，一旦意识到自己的不足，就能够更好地权衡利弊得失，寻求平衡点，最终获得选择的自由。

以下三个方面也许能为认识自己的优势和局限性提供一些建议和方向。

1. 了解自己作为伴侣的价值

要想选择适合自己的伴侣，就必须了解别人对你作为伴侣的价值（即配偶价值）有多感兴趣。如果我们能准确估计自己的配偶价值，将会最大限度地减少在择偶这件事上时间的浪费，并优化资源的分配。在明确了自己的配偶价值后，我们可以避免将时间、金钱和精力投资在低于自己标准的潜在伴侣身上，也就是说，既不在择偶市场上“低价出售自己”，也不会“超出自己可交换的范围”，从而避免引发拒绝或单方面的、剥削性的关系。此外，准确评估自己的配偶价值，也有助于估计自己能从潜在伴侣那里得到多少投资和承诺。短期交配是由渴望无承诺的性倾向促进的，长期交往是由热情、可靠和合作的态度来促进的。研究发现，当人们的特质与其偏好的择偶策略相匹配时，能更好地判断自身的伴侣价值，因而做出更优的择偶决定。

大家在想象自己的未来伴侣时不妨先深入地了解一下自己，明确自己的目标是寻求一段长期的关系还是喜欢在短暂的关系中不停转换，从而更好地衡量自己与对方的匹配程度。

2. 在亲密关系中探索真实的“理想型”

从传统社会的包办婚姻，到现代社会的自由恋爱，时代赋予了年轻人在择偶决策上更多的自主权，但由于东方文化对两性关系持保守内敛观念，年轻人往往是通过文艺作品中塑造的人设形成对未来伴侣的一种“理想型”。社会给了我们错误的期待：学校中并没有开设恋爱课程，也没有相应的恋爱教育，一切只能跟着感觉走，仿佛缘分真的是天注定。但是任何事情都是实践出真知，一味地在自己的主观世界中构建完美的另一半对找到真正合适的人于事无补，甚至会造成阻碍。

有研究探索了人们选择恋爱对象是基于自己的偏好还是周围的机会。结果，靠周围的机会选择异性的人占了一大半。我们的异性伴侣是什么样子的：高矮胖瘦、受教育程度、呆萌还是吃货……其实98%的情况都是由我们周围的可选对象决定的，而不是人们预设的刚性需求。大家可以多关注自己身边的人，同时拓展圈子，增加自己的可选对象。

3. 选择最适合自己的生活方式

社会舆论传递出这样一种价值观：不要太晚结婚。在传统文化看来，一个未嫁娶的成熟个体，是不完整、未完成的存在，是很不稳定的，必须要找到另一半，组成家庭，有个孩子，才能被视为一个整体。孩子不结婚不生子，对父母来说是不圆满的人生，这种未完成感会带来紧张，驱动人们去补足它，就像看到一个有缺口的圆，总是忍不住在脑海中把它补齐一样。基因延续的未完成感，使催婚成了父母美好愿望的惯性表达，而忙于催婚的父母往往忽视了子女的感受。

催婚带来的焦虑是巨大的，但是不要因此去选择自己并不喜欢的伴侣，这样反而会使自己陷入痛苦的深渊，无论在何种境况下都要保证将自己的生活和幸福放在第一位，保持内心的平静与和谐才能更好地向外探索，找到真正合适的那个人。

总的来说，人类在择偶这件事情上有着深厚的进化渊源。在未来选择伴侣的过程中，要听从内心，不要盲目听从他人意见，可以根据进化论的原则评估自身和潜在对象的匹配程度，采取开放的姿态多尝试与不同的人相处，逐渐将自己脑海中的那个影像变得生动起来，最终找到心仪的对象。

学点心理学

【存在主义的四个世界】

在存在主义心理咨询中，来访者一般被称为“受限制的存在个体”（restricted existence）。这些人觉得自己掉入生活的陷阱而感到无助，咨询师的主要工作就是帮助他们直面这种自我设限的生活方式，并觉察自己对这种情境及所扮演的角色的责任。存在主义疗法主张用一个能够描绘人类普遍存在的框架分析来访者的问题，利用人所存在的四个世界来定位，促使人们思考那些困境与悖论，并根据当前的状态、对生活的理解及从前的人生轨迹为自己绘制一幅心灵发展图。

第一是现实世界，每个人一出生就被抛到一个真实的物质环境里，这是构成四个世界的基础，所有人类能够清楚感知的存在都发生在现实的物质世界里。想要准确把握自己在现实世界中的生活方式，不仅要考虑自己生活的全貌，还要关心由内而外的身心变化，比如身体表征，远离疾病的能力，健康还是虚弱，对食品、性和生育的态度等，此外还要关注自己在特定氛围、具体环境中所表现出来的放松或不安的心理状态。

第二是社交世界，人类存在的第二个维度是人与人之间的关系，即人际关系，指的是人们在日常生活中每天在公共场合遇到的人、事、物。以个体体验为主的社交世界包括各种纷繁复杂的关系：民族、社会阶层（社会参照系）、国别、语言、文化史、家庭、工作环境等。

第三是私密世界，更多指的是个体与他人的亲密关系。私密世界中，周围都是熟悉的人或事，个体在这个世界里会感到很放松，确切地说，私密世界要解决的是“我”和“我们”的问题。在探索这个方面时，首先要问个体在家庭或其他场合中是如何定位自己的，个体在内心深处如何看待自己，如何评价自己的私密世界，是否把私密世界看成一个可以疗伤的避难所。注意在探索内心世界时，应该根据个体的真实想法进行，不能照搬固定模式。

第四是精神世界，不同于现实世界里人们总要面对具体生活环境中的具体事件，在精神世界里人们更应该关注生活中那些抽象的、形而上的、精神层面的问题，比如宗教信仰、价值观等，人们不仅要明确自己看待世界的意义，也要知道自己为何而活、为何而亡。

第二节　婚姻能让亲密关系变得更持久吗？

从恋爱进入婚姻似乎是一个顺其自然的选择。婚姻被当作一种承诺，也被认为是亲密关系发展到后期的完满里程碑。但在真正步入婚姻之后，亲密关系中的双方都很难预料，揭开了“婚姻”的神秘面纱，他们之间的亲密关系会如何变化。长期以来，学者们对婚姻功能的理论理解，一直在强调关系问题和这些问题带来的冲突。冲突在婚姻发展模型中始终处于中心地位。婚姻是爱情的里程碑还是爱情的坟墓？这也成了许多准备步入婚姻的人的心头疑问。

亲密关系中身份的转化意味着什么

韩国的电影《82年生的金智英》描绘了这样一个故事：智英出生在一个普通韩国家庭，爸爸是公务员，妈妈是家庭主妇，有一个姐姐和一个弟弟。从小智英和父母以及重男轻女的奶奶共同生活在一个屋檐下，母亲因为生了两个女儿一直被奶奶念叨，不仅如此也经常受到父亲的忽视，在家庭中的存在感很低。同时，智英似乎也总是需要在生活的各个方面对家里的男性忍让和妥协。例如，她只能在弟弟过生日的时候才能吃到蛋糕；爸爸妈妈在智英上大学之前都没有零花钱；家里买回来的炸鸡，她也只能吃一些边角料，把鸡腿让给弟弟和父亲。所幸，智英的性格比较神经大条，也在学校受到了良好的教育熏陶，总的来说还是比较阳光积极，心理发展并没有受到太大的影响，就这样不温不火地长大了。在上大学的时候，智英遇到了大贤，大贤为人和善、内心细腻，对智英非常地体贴照顾，两个人很快成为恋人。大学毕业，她进入了一家公关公司，做着一份待遇不错的工作，大贤则进入了一家金融公司。两个人的亲密关系没有发生太大的变化，反而是智英在男朋友的长期陪伴和关爱下，变得更加自信成熟，加之智英坚韧和乐观的性格，在工作上也有很大的发展。在31岁那年，她和相恋多年的男朋友结了婚，不久又在长辈的催促下有了孩子。在众人“顺理成章”的期待下，她辞掉工作，在家带小孩，成了“全职太太”。此后，丈夫大贤负责赚钱养家，职位逐渐晋升，工作压力和强度也随之增大。然而在大贤忙碌工作无暇顾及家庭琐事的同时，作为全职太太的智英不得不承担全部的家务和带孩子的责任。但是丈夫在外辛勤工作所带来的是家庭的主要收入和对于自身社会价值的认可，与之形成对比的是，智英每天在小家中疲惫忙碌，左支右绌，纠结于柴米油盐，挣扎在家务与孩子之间。无形中支撑起这个家庭另一大半的智英，却逐渐失去了丈夫的关注和疼爱，也逐渐丢失自我认可，琐碎的当下消磨了智英的耐心和对生活的热忱，她不再是那个与男朋友相知相爱、乐观豁达的伴侣，也不再是那个工作能力出众、受到同事欢迎的职员。甚至，智英的身份转变不仅给她带来了身体上的劳累，同时也让她变成了旁人眼里那个只能靠丈夫过活的“妈虫”，智英彻底迷茫了，这并不是她期待的生活，她并不想做被人供养的“妈虫”，成为母亲前她也是闪闪发光的职场女性。在这种困苦的生活中，智英患上了严重的心理疾病，甚至被诊断为中度抑郁。大贤不忍心看到妻子这样痛苦，回想起从结婚到现在，从情侣组建成家庭，再变成人父人母，种种亲密关系的外部状态改变，使得他们越来越忽视互相之间的情感需求和心理状态，沟通也几乎消失，大贤感到非常愧对妻子。大贤决定和妻子一起接受心理咨询，共同面对命运给他们设置的难题。

在这个故事中，智英和大贤在结婚前已经相恋多年，感情稳定，是一对人人羡慕的情侣，但是在婚后，他们在个人发展、家庭责任义务及与父母的关系上却面临着各种各样的挑战，智英甚至出现了精神问题。婚姻究竟是一种机遇还是一种考验?

冲突解决是婚姻发展的核心

智英和大贤的婚后生活出现了许多不曾有的冲突，这一点和许多学者对于婚姻的看法是吻合的，即冲突在婚姻发展模型中处于中心地位。库尔特·勒温（Kurt Lewin）认为，伴侣之间的冲突是不可避免的，这些冲突产生于不同领域的竞争性需求（如性、家庭生活、外出活动的机会等）。然而，通过相互适应来解决冲突被认为是婚姻成功的必要条件，他称:“如果找不到让双方都满意的平衡点，就很难维持婚姻的完整。在此后婚姻的几十年里，想要成功走到最后的夫妻必须通过协商解决他们的问题，这就是婚姻运作的核心。”值得注意的是，婚姻困境的持久动力模型认为，“某些人际关系模式是在恋爱期间建立的，并在整个婚姻过程中得以保持……问题最初出现在恋爱期，并持续到婚姻”。这些都表明，当你选择婚姻时，你将不可避免地面临一组亟待解决的问题。

对婚姻的纵向研究倾向于关注夫妇婚姻满意度的变化，大量研究表明，新婚夫妇的婚姻满意度在新婚期间普遍下降。2014 年的一项研究对 169 对新婚夫妇婚后 4 年的婚姻问题和婚姻满意度进行了 8 次评估，结果发现尽管婚姻满意度显著下降，但婚姻问题总体上保持稳定。婚姻困境的根源存在于夫妻关系轨迹的早期，并且这种轨迹从时间上来看是稳定的，罗伯森（Roberson）等人 2018 年对近 30 年来的 3671 名男性和女性的关系状况和质量进行了调查，也证明原生家庭的质量对于成年个体的生活质量会产生极大的影响。

研究还指出，这种潜在的满意度下降的关键转变不是因为随着时间的推移双方的问题和矛盾变多了，而是夫妻双方对已经存在的问题越来越不宽容。对丈夫来说，满意度的下降主要来源于亲密相处（性和表达爱意）和问题解决两个方面；对于妻子来说，养育孩子和表达爱意方面的满意度随着时间的推移而不断下降。这种模式的结果表明，进入婚姻的前几年可能最具有挑战性，而不是因为长期的问题使得双方关系变得更糟。在婚姻初期，若关系的积极方面（性、表达爱意）不断减少，或外部压力（孩子）的出现改变了关系的状态，则会大大影响两人关系的稳定性。正如智英和大贤的故事所体现的，智英生活在一个忽视女性的家庭和社会环境中，与丈夫、父亲等重要男性的互动始终处于劣势，他们面临的婚姻困境可能在早期关系轨迹中就存在了。而且智英在婚后又迫于压力辞职和生育，成为家庭主妇，丈夫由于工作繁忙对她缺少爱意的表达，相比婚前，智英又面临着没有工作和照顾孩子的压力，潜在的问题一涌而出，导致了婚姻满意度急剧下降。

对婚姻的美好期望并不都是积极的

对婚姻的期望是否符合当下的关系状态也会极大地影响关系的稳定性和婚后的幸福感。有一种观点认为积极的期望会带来积极的结果，一些作者认为对一段关系的积极期望对于发展和维持健康的关系是必要的。而另外一种观点认为，积极的期望会导致失望，积极的期望可能是婚姻障碍的根源。麦克纳尔蒂（McNulty）和卡尼（Karney）2004 年的一项研究探讨了对婚姻的积极期望对于婚后前四年满意度变化的影响。结果表明，当伴侣双方对彼此的行为采取积极的归因时，他们对彼此的积极期望就能够成为一种行为目标，从而促进他们努力去达成目标，使得关系朝着更好的方向前进，满意度会趋于稳定，而不太积极的期望则预示着满意度的急剧下降，此时不那么积极的期望可能就成了一种负担，会限制伴侣发挥他们的关系技能，即如果双方现在的关系整体是积极的状态，那么积极的期望能够推动关系的进一步发展，而此时如果对于关系有所怀疑，则可能会破坏当前关系的积极状态；反之，在另一种情况下，当他们对伴侣的一些行为的归因总是负面的时，比如一些不现实的关系信念——认为双方不应该有分歧、分歧总是破坏性的，认为对方应该读懂自己的想法，认为伴侣不能改变，认为性行为只能是完美的，认为两性本质上是不同的且不能达成真正的互相理解等。当一方曲解和片面地理解对方的行为和动机时，却仍然抱有很高的积极期望，这可能对另一半是有害的，因为此时的积极期待可能远远超过对方的能力，最终只能导致失望和危机。对于这种情况，不那么积极的期望可能更有益，放低期待才能给对方成长的空间。

总之，期望和关系环境是相辅相成的。当关系环境是积极的，积极的期望似乎是适应性的。当关系环境不那么积极时，不那么积极的期望似乎具有适应性。我们能够看到，大贤在智英的心理出现问题后，其实是能够去理解智英，并且愿意和她一起接受心理咨询的，在家也更多地帮助智英承担家务。这说明大贤并不缺乏处理亲密关系的技能，很显然智英之前并没有期待过大贤能够帮助她脱离困境，这种消极的期待在某种程度上抑制了大贤解决问题的能力，也使得智英独自活在阴暗的角落里，没法触及阳光。

觉察内心深处的愿望，意识到不可改变的事实

婚姻是否能让亲密关系变得更加坚固稳定，这是人们在面临结婚选择时不得不考虑的问题，其背后反映的是我们对未知关系状态的不可控感。一段关系无论是不好的变化还是好的变化，在未经历时，我们还是会不可避免地产生焦虑。何况进入婚姻不同于新交一个朋友，这背后意味着更多的责任和取舍，生活状态可能也会面临着不可想象的变化。存在主义心理咨询认为，对个体来说，真实的生活可以激发人们极大的动力感和热情，促使人们去做更值得做的事情，从一种关系稳态转化到另一种未知的关系，生活的真实感也会随之发生变化，个体如果难以深切感受到踏实感，那么几乎无一例外地会陷入虚幻生活的误区之中。关系过渡背后的焦虑本质是不敢面对生活中的责任及内心深处的不满，他们会害怕生活真实的模样，虽然生活的形式在变，但是生活的本质是永恒的——在自身局限性的框架下尽可能寻求自由。真实的生活意味着个体要明确自己的处境，深刻认识自身发展的局限性，并在此基础上根据本人的真实意愿前行。

有时人们并不是不愿意结婚生子，是生活没有按照自己的想法来进行，但是他们的想法往往是个谜，需要借助无数的提问慢慢予以解答，比如现在的生活中让你觉得充实、满意的方面是什么，关系发生变化后这些需求是否还能满足，要以何种形式满足等。电影中的女主人公智英在结婚前，是非常有事业心的女性，在原生家庭中她备受忽视，她不想

自己作为女性做得比任何人差，在工作中她非常努力，充满干劲，这是她自我价值的重要来源，她通过努力就能让自己“被看见”。后来在职场中，仅因为性别、结婚、生育相关的问题，她又被迫“消失”了。回到家庭，她饱受生养孩子的压力，同时还要被外人认为是只能靠丈夫生存的女人，她彻底崩溃了，已经不被看见的她心碎了一地。

不难发现，女主人公智英在生活中最想获得的是“被看见”，无论是工作中获得成就，还是在亲密关系中被体察情绪，都表明她需要他人的关注与关心，来修复她自小到大被漠视的创伤。在再次找到真实的生活前，她首先需要接受已经失去了工作的事实；此外，她需要意识到婚姻中的二人是可以相互依靠的，在当前她遇到困难的阶段，丈夫付出更多并不意味着她的无能，把自己的需求通过沟通表达出来，家庭才有它发挥作用之处。

在关系转换中做好角色的过渡

个人生命历程理论假设一个人的生命有多种路径或轨迹可以遵循，每个人在经历各种不同的生命阶段时都有其特定的角色设置。从恋爱走向婚姻，人们的角色发生着潜移默化的转换，如何做好这个过渡，让婚姻成为亲密关系的避风港？可以从以下几个方面着手。

1. 做好面对问题的心理准备

一般而言，婚姻出现问题会带来落差感，新婚夫妇对于婚姻的发展普遍抱有一种乐观的期待。而上述研究发现，在婚后前四年婚姻满意度是显著下降的，但婚姻中的问题一般是保持稳定的，那么可以通过心理教育和婚前咨询调整夫妻对于新婚生活抱持过于乐观心态的普遍趋势，鼓励夫妻就当前的困难进行更真诚、开放的对话。正如后期大贤为智英所做的那样，努力理解她的困扰，和她一起接受心理咨询，共同面对问题。

有一些简单的方式可以帮助正陷于困顿中的夫妻，如不断对关系意识进行探讨及帮助夫妻重新评估婚姻中的冲突。这些方法可以帮助夫妻双方意识到，一些困难其实是足以抵抗的，而且不断付出努力可以获得非常积极的效果。如果夫妻双方能够更频繁、更有条理地探讨问题，并学会有效地沟通问题，增加积极的互动，有些问题就可以迎刃而解。对于那些已经感到非常痛苦的夫妻，宽容和接纳则是更重要的层面，当双方能够看到彼此的存在时，才能拨开云雾看到困扰生活的核心问题。

由于夫妻关系问题的顽固性，以及考虑到夫妻问题的实际内容可能是长期的、抗拒改变的，这些干预强调帮助夫妻理解和更好地管理他们的困难，而不是解决问题本身。

2. 调整自己对婚姻的期望值，对婚姻中遇到的问题进行合理归因

先前的研究表明，在某种程度上，关系期望对关系结果的影响是视双方关系的质量而定的，即对当下优质的关系最好以积极的期望去看待，而放低期望则有助于帮助进展不那么顺利的关系，我们需要随机应变，辩证看待。积极的期望不是对每个人都有害，也不是对每个人都有益。相反，在管理夫妻双方对未来的预期时，可能会考虑用积极的期望推动他们共同努力来维护关系，从而使得双方在亲密关系中共同努力和成长，收获一段满意的婚姻；或者要考虑到对婚姻的期望不能脱离事实，否则会导致令人失望的结果，给关系带来裂痕。

能够对关系中的问题进行合理归因的人，可能会从积极的期望中受益。对于这些人来说，积极的期望可能会激励他们解决可能出现的问题，甚至用积极的眼光看待消极的经历。相反，对于那些缺乏这种合理归因能力的夫妻，或者那些遭遇过消极经历的夫妻来说，放低期待则会让其更加受益。当他们再次面临风险时，他们会感到这是意料之中的，并可能会做出更积极的回应。

3. 注意婚前双方的差异，拥有一颗包容之心

几乎所有的新婚夫妻都希望维持一种稳定而令人满意的关系，但事实是离婚高峰往往出现在婚后前几年。贝尔斯基（Belsky）和谢（Hsieh）在 1998 年的研究中发现，仅 10% 的人表现出对其伴侣的强烈的爱意和关怀，且在婚姻的第 5 年到第 8 年这种积极情感会逐渐下降。2012 年的一项研究也表明，58% 的丈夫和 69% 的妻子在婚后前四年表现出高且稳定的满意度轨迹，婚姻满意度逐渐下降的情况仅出现在那些婚姻刚开始时满意度就较低的夫妻之间，其中满意度下降最严重的也仅限于那些最初满意度最低的伴侣。这种低初始水平和迅速下降的满意度的组合，使这些伴侣的婚姻结局不佳的风险增加：在前 4 年里，低满意度组的配偶的婚姻破裂率比中等和高满意度组的配偶高出 3 ～ 4 倍。而且满意度最低轨迹组的配偶在关系问题、言语攻击、关系归因和急性应激方面的初始水平相对较高，而自尊水平相对较低。所以，对于婚姻关系的发展来说，恋爱阶段累积的矛盾和冲突，比婚后的更加棘手，不满和矛盾经常在恋爱阶段就出现了。

进入婚姻可能并不意味着双方的关系实质上开启了一个崭新的阶段，新婚阶段的伴侣关系只是多年的恋爱和生活中已经建立起来的互动过程和模式的延续。这些模式的差异可能源于伴侣本身的特征。所以如果在结婚前对这段关系的体验就并不美好，那么婚后就必须投入更多的时间和精力去解决问题，度过这一段更长更久的磨合期。

婚姻不是爱情的坟墓，而是恋爱的延续。包容、磨合和冲突，这些在恋爱过程中就已经在发生了。如果我们能把这些问题妥善地解决，那么婚姻就会成为爱情的里程碑，可以让我们更好地生活在一起。如果我们将这些问题留到婚后，那么共同生活之后产生的矛盾冲突，会让生活变得更不顺心。面对问题，要相互包容，保持积极心态，和自己的伴侣一起正视现实。让亲密关系更加稳固，不能想靠着一纸契约一劳永逸。爱情不会自发热，就像天上不会掉馅饼。

学点心理学

【人类存在的维度】

人类存在维度考察（见表5-1）展现了人们存在的看似矛盾的本质，以及人们要如何在存在的四个维度上找到人生的意义。在每个维度上，基本目的和终极担忧是相对的。前者代表的是一个人有意或不知不觉间为之奋斗的理想价值，后者代表的是这种愿望合理且不可避免的阴暗面，威胁着人们已经获得的理想状态。

你在每个维度上有着怎样的目标和担忧呢？

表5-1 人类存在维度考察

维度	基本目的	终极担忧	现实目标
生理 （身体）	健康　强大 幸福　生命	疾病　弱小 凄苦　死亡	生存　效能 舒适　安全
社会 （自我）	成功　权力 归属　喜爱	失败　无能 孤立　谴责	再认　影响 亲友　尊重
个体 （自己）	完整　自由 真实　确定	分裂　散漫 伪装　困惑	个体　自主 特殊　认同
精神 （灵魂）	真理　完美 智慧　善良	谎言　缺陷 谬论　邪恶	理解　优点 意义　责任

第三节　怎样避免人生困境对婚姻的不良影响？

失业、疾病、人际紧张、经济压力……人生时刻充满挑战，荆棘遍布。如果我们被这些因素严重干扰或击倒，就会掉入人生困境的旋涡之中，影响家庭生活与婚姻关系。那么，我们该如何保护自己，避开这些困境的旋涡，顺利完成婚姻这首交响乐呢？

老A的一天

第一幕：清晨

“该死，这条路平时是不堵车的……”看着眼前望不到头的车流，老A自顾自地嘟囔着，“今天可是部门新领导上任的日子，可不能迟到啊。”老A心中暗自焦急，车流却似乎没有移动的意思。无奈，老A只得打开车载音乐，试图让自己平静一些，但平日里最喜欢听的钢琴曲也无法安抚老A，老A仍是紧绷着身体，探着头紧盯前方，期待着车流移动。

等了不知多久，车流终于又开始缓慢移动，老A松了口气，正在踩油门启动之际，一辆左转车道的车却突兀地加塞过来，直直地插在老A和前车之间，老A急忙猛踩刹车，险些撞到加塞车。老A一阵无名火起，正欲下车和对方理论，看了看时间，抬起的手又缩了回来，想按个喇叭泄愤，但又想起市区禁止鸣笛，只得狠狠地拍了一下方向盘，终究是放了加塞车过去。

磕磕绊绊终于到了公司，老A风风火火地赶到会议室，抬腕看表，还有两分钟会议开始，他简单地整了整仪容，长舒了一口气，经理便已走进了会议室：“大家好，今天我来为大家介绍从总部调来的新的销售部主管——小张，请大家掌声欢迎！”在一阵轰鸣的掌声过后，一个年轻人走进了会议室，老A不禁瞪大了眼睛——眼前的年轻人看起来还不到35岁，便已经成了他这个四十多岁的老员工的领导！经理随即介绍道：“小张毕业于名牌大学，在国外工作过一段时间，在总部的表现非常好，现在来到咱们分公司，大家要多多向他学习啊！”又是一阵热烈的掌声，老A附和着鼓掌，心里却有些不是滋味。小张接过话筒说道：“很荣幸能和大家共事，咱们部门是公司的王牌部门，这次来到这里，就是希望能够和大家一起续写辉煌。”随即却话锋一转：“但是大家也都知道，公司最近的竞争压力很大，很多同类公司都在和我们抢占市场份额，销售部的销售业绩下滑不少，我是一个讲义气的人，也是个直性子，谁为公司排忧解难，谁就是我的好兄弟；谁在公司滥竽充数，谁就是和我作对，不管你是什么资历，我都绝不姑息！”老A听着这话，更加坐立不安，他的老客户最近减少了采购数量，他的业绩是部门下滑最厉害的，而新进公司的年轻人则一个比一个拼命，自己的地位岌岌可危，作为部门的老油条，新领导的这番话仿佛就是在戳他的肺管子。

第二幕：儿子

总算是熬过了早晨的会议，老A心情沉重，思考着最近的工作计划。会议刚刚确认了末位淘汰制，连续两个季度业绩倒数就会被裁员，他上个季度销售额不幸垫底，如果不加把劲，下个季度将会面临失业风险。对于一个中年男人来说，失业是就是天崩地裂，老A不敢想象失业后的日子，更加焦虑地踱步。

“嗡嗡嗡”，兜里的手机开始震动，老A拿起一看，是儿子的班主任打来的，心里便“咯噔”一下，犹豫了几秒，他还是接了起来。“老A，你的儿子又在学校里和同学打架了，请你来学校一趟。”班主任有些生气地告诉老A，老A连忙赔不是，并答应下午去学校一趟。

儿子的事一直是老A的心病，儿子从小就不爱学习，中考更是考得一塌糊涂，成绩只够去上职高。更糟的是，儿子并不擅长交际，在学校里遭到同学排挤，上次面对出言不逊的同学直接大打出手，落得个警告处分。老A已经对儿子的学习不抱什么希望，只盼着他能够平安长大，养活自己，但如今儿子的校园生活却愈发不顺，让他操碎了心。

请了假来到学校，儿子正在教室外罚站，打架同学的家长也来了。老A看着鼻青脸肿的儿子，又是生气又是心疼。据班主任说，是儿子先动的手，老 A 忙不迭地向对方家长和老师道歉，并承诺以后会加强管教，但无论老 A 怎么说好话，儿子仍是要背上严重警告的处分。

忙活了一下午，终于安抚好了对方的家长。老 A 把儿子叫过来，看着儿子一脸的委屈，老 A 也是心疼无比，语重心长地跟儿子说："小 A，下次千万不能再打架了，再犯错误可就要被开除了。"儿子眼中噙着的泪再也忍不住，"哇"的一声哭了出来："可是我根本没有惹他们，都是他们欺负我，爸，我过得好难，我想转学……"老 A 心中五味杂陈，只得先安慰儿子："好，你这两天先好好上课，爸爸去想办法。"可老 A 很清楚，转学何其困难，自己只是个小小的公司职员，哪有能耐随意安排儿子转学呢?

第三幕：晚饭

办公室的钟表"滴滴答答"地响着，让本就心烦的老 A 更加烦躁，抬头一看，已经超过下班时间半个小时了。老 A 从学校回来后，又接到新的任务，在公司一干就干到了六点半。老 A 站起身，活动了下酸痛的肩背，不禁感叹时光催人老，体力和年轻时的自己早已是天差地别。

简单收拾了一下，老 A 便开车回家，下班路上没有堵车，老 A 很快就到了楼下。和大部分中年男人一样，老 A 感觉下班的这段路才是他一天中为数不多放松的时间，不用再面对繁杂的压力，虽然只有短短的一小段时间。老 A 很珍惜这段时间，所以也不急着上楼，在车里点上一支烟，默默地抽着。烟头的光点忽明忽暗，老 A 感到这仿佛就是自己的人生，时而光明，时而黑暗……

回到家，妻子已经吃过了，给老 A 留了一些饭菜。老 A 把剩菜剩饭热了热，开始吃饭。听到老 A 回来，妻子也来到了饭桌旁，语气中带着几分不满："今天怎么回来这么晚，我实在等不住你了，只能先吃了。"怕妻子操心，老 A 不想把儿子的事情告诉妻子，于是答道："今天来了新领导，事情有些多，就忙得有些晚。”显然妻子并不打算就此放过老 A：“你哪天不忙，你怎么不看看自己多久没有按时到家我们一起吃一顿饭了，你眼里还有这个家吗？”老 A 沉默了，他已经很累了，不愿再和妻子吵架，便拿起了手机，自顾自地看了起来。妻子看他玩起了手机，便气冲冲地走了。

就这么吃了一顿无滋无味的饭，老 A 开始收拾碗筷，走进厨房开始洗锅。妻子好像是气消了，也来到了厨房。妻子问老 A 道：“这周末我想去吃次海鲜，好久都没有出去吃过饭了。”老 A 面露难色：“这周末和老客户有个应酬，可能没法出去了。”妻子又有些不悦：“应酬不能推推吗？有那么重要吗？”老 A 有些愧疚，自己确实很久没有陪妻子了，但想到末位淘汰制，他还是默默地对妻子摇了摇头。妻子的情绪爆发了：“看来工作比我还要重要，你肯定不记得这周末是我们结婚二十周年纪念日了吧，除了前几年你跟我过过纪念日，这两年哪次你还记得？平时的也就算了，可是二十年这么重要的日子，你也不放在心上吗？”妻子抹了抹眼角的泪水：“你一天到晚不在家，我既要收拾家务，还要管孩子的学习，还要去医院照顾我爸，你有管过这些吗？一天忙忙忙，你忙了个什么，医药费都出不起，还有什么好忙的！这日子过不下去了，没你说不定我还轻松一些，离婚！”听到这儿，老 A 再也忍不住了，压抑了一天的怒火彻底爆发：“是，我无能，我已经够拼命了，你还要我怎么样，好，离就离！”

婚姻的小船为何摇摇欲坠

老 A 遭遇的婚姻难题，正是人生困境下婚姻困境的真实体现：老 A 的身体不再活力充沛，风雪艳阳的生活被沉重的柴米油盐取代，无话不谈的亲密爱人也变得无话可说。老 A 的迷茫和彷徨显露无遗。

中年人的社会角色非常复杂。他们既是家长，也是子女。在家庭和事业上分身乏术。社会角色的日益复杂，势必带来更大的身心压力。这种情况下很容易爆发重大的情感危机，婚姻的破裂也成为压垮许多人的最后一根稻草。

其实，老 A 遭遇的婚姻危机不只是简单的感情问题。案例中的夫妻是比较珍视这段婚姻的，愿意一起来寻找解决当下问题、延续婚姻的方法。他们的感情从无话不说变成无话可说，主要有以下几个原因。

第一，更复杂的多方压力。随着年龄增长，中年人的身体机能逐渐脱离青年时的巅峰状态，上有老下有小的家庭生活对经济的需求比以往更大。同时，经验丰富的中年人在工作当中承担的任务也更加艰巨。多方压力下，中年人面对的工作 - 家庭冲突的剧烈程度远超青年时期。更多的时间被用于工作，自身的生活时间被挤占，多方压力如暴雨狂风席卷而来。没有时间和家人吃饭，总是匆匆地来，匆匆地走，成为许多中年人的日常。

同时，老 A 还有失眠问题，而且老 A 妻子的失眠问题比老 A 更加严重。亚历克斯 · 比尔曼（Alex Bierman）对 12 129 名中年人进行的一项调查研究，可以很好地对此做出解释。通过跟踪询问受试者的睡眠质量与经济情况之间的关系，比尔曼得到如下结果。在经历了 2008 年的经济危机之后，2010 年的人群睡眠问题相比 2004 年有所增加。在 2016 年的人群中，睡眠问题仍然很严重。在 2010 年和 2016 年的人群中，经济负担的增加在很大程度上解释了这些差异。这些模式在男性和女性身上都可以观察到，但在女性身上更为明显。

第二，被遗忘的家庭生活。老 A 在工作上投入了太多时间，繁忙的生活让老 A 的思维变得狭隘，逐渐忽略了自己的家庭成员。捷克学者安娜 · 舍夫奇科娃（Anna Sevcikova）对欧洲 1304 位受试者的调查研究表明，共同生活事件的频率和质量会很大程度上影响人们对中年婚姻的满意度。长期没有共同生活的老 A 和妻子，没有途径去建立共同记忆。所以过去深厚的感情近期变得薄弱，甚至一度要离婚。

第三，发泄式的沟通方法。老 A 在自述中说到，自己苦闷压抑，想与妻子诉说，却每次都变成吵架。这背后的原因是：老 A 每次想和妻子沟通时都是带着无法消解的高强度情绪，比如烦躁、愤怒、焦虑和悲伤。但是，老 A 并不擅长与人沟通，所以会习惯性地采用高度情绪化的发泄式言语。这很容易让妻子进入“不公平”的心理状态：“好事不和我说，垃圾全扔给我。”在日常生活中，情绪化表达通常只会让事情变得更糟。因为在“气头”上的人，很容易忘记相互尊重，只顾着把自己的负面情绪传递出去。

如何打好婚姻保卫战

那么我们该如何面对人生困境，写好我们的婚姻交响曲，在遭遇婚姻危机的时候，打赢这场婚姻保卫战呢？

第一，我们应该学会接纳现实，保持足够的自我效能。自我效能指的是：人们对自身利用所拥有的技能去完成某项工作的自信程度。自我效能高的人比自我效能低的人在克服困难时表现更好，自律性也更好，能用更加积极的心态应对困难，控制自身情绪。所以，应该相信人生没有过不去的坎。要解决问题，必须先接受问题。人类的生命注定有遗憾，与其感慨、逃避，不如学会坦荡地面对现实。我认识一位李爷爷，一辈子都想要一个孙子，而在有了两个孙女之后，便没有再要求子女继续生养孩子。别人问他为什么。李爷爷回答说：让我这辈子有点遗憾吧，命里有时终须有，命里无时莫强求。无论我们的过去是灯红酒绿还是雨打沙滩，我们走过的岁月，就是独一无二的人生。这是维持自身人格稳定的立足点，也是我们面对苦难与挑战的基础。就像案例中的老 A，他虽然无法独立解决自己遇到的各种难题，但是在遇到困难的时候，他没有轻言放弃，而是积极寻求有效的帮助。韩国学者权美英（Kwon Mihyoun）对198名韩国中年男性的研究也证明了这一点。中年危机的剧烈程度会随着自我效能感的增加而减少。

第二，理解、包容和共同努力。面对婚姻关系的种种问题。相互理解、相互包容永远是最根本的解决方法。让我们想一想，如果自己正在经历中年危机，那么自己的伴侣，此刻也很可能在经历中年危机，我们焦虑、迷茫的情绪感受应该是类似的。案例中老A与妻子便是如此，只是双方一开始没有做到相互理解和相互包容。两个人吵架上了头，但是两个人都很委屈，老A认为“你根本不懂我在外面受了多大委屈”，妻子则说“你根本不懂我在家里有多忙有多累”。解决“根本不懂”的方法，不是吵架也不是冷战，而是相互理解、相互包容。在外工作有工作的难处，照顾家庭有忙碌的难处。既然都不容易，为什么还要去相互指责呢？天气很冷了，夫妻之间的暖意更不能随便丢弃。

一段婚姻的延续和发展，需要夫妻双方的共同努力。在面对内外压力的时候，老A总是想要自己一个人去面对，揽下所有的责任与义务。然而，婚姻只有在双方共同努力时才能妥善地延续。你出一份力，我也出一份力，共享酸甜，共度苦辣，这才是婚姻存在的重要意义。李晔在《工作－家庭冲突的影响因素研究》中提出，来自家庭的社会支持可以显著降低工作－家庭冲突的剧烈程度。这也说明婚姻双方的相互支持是非常重要的。相互包容，共同面对，有爱人同行，眼前的疾风骤雨也就没那么恐怖了。

第三，学习掌握合理的沟通方式，尊重伴侣的独立性。对外人彬彬有礼，对伴侣恶语相向的情况非常常见。要避免这种情况须从以下两方面发力。其一，化解情绪要在情绪爆发之前。如果不懂得如何遏制自己的情绪，在寻求社会支持的时候，只是想粗暴地找人发泄，那么带着火气说出来的话，很容易点燃别人心里的火药桶。其二，要懂得尊重伴侣的相对独立性。尊重伴侣的相对独立性是维持婚姻幸福安定的重要前提。我们对伴侣恶语相向时，大多是因为忘记了对方也是一个独立的人。由于记忆中伴侣的基本角色都是家庭角色，妻子是妻子，丈夫是丈夫，所以经常会忽略伴侣本身的人格是独立存在的，是一个有情绪、有思维、有职业的活生生的人。照顾家庭的人，很容易把外出工作的人当成无限制的钱罐子，这里要钱，那边消费；外出工作的人，很容易把照顾家庭的人当作无休止整理家务的机器，这里不干净，那边饭不合口味。然后情绪上了头，伤人的刀出了口。我们完全可以相互尊重，合理地沟通，

比如，在表达自己的要求前先对另一半表达关心，看见疲惫的丈夫可以直接说“你最近看起来很累，家里开销大给你的压力不小，我们看看有什么能节省支出的地方”；在吃到不合口味的饭菜时，只是单纯地陈述和澄清事实，而不要进行情绪发泄，如可以这样说：“今天的菜好像有点咸，是不小心放错调料了吗？”妻子这时可能就会回想自己不是确实不小心放错了调料。如果发现她有什么难以开口的地方，大家也可以就此进行一次深入的交流，不断拉近双方的心理距离。

从存在主义视角看现实困境

困境是一种既定事实

家庭琐事繁多、儿子不听话、工作繁忙、与妻子交流少，甚至产生了离婚的念头，家庭稳定岌岌可危，光听这些描述，都能感受到老A被生活折磨得喘不上气的窒息感。其实，在老A未到中年时，他的生活中也要面临相似的困扰，但是他似乎并不像现在这么痛苦。思考老A痛苦的深层原因时，不禁想起老A经常在咨询师面前说到的相似的话语——“我的人生都过去一半了，我为什么还在被这些事情困

扰”“难道我一直到死都要过这种生活吗”“我的人生到现在好像一个失败品”“我年轻的时候……”。是的，现在老A深刻地意识到他老了，虽然并没有老到七八十岁的程度，但他最近在生活中的一系列挫折已经让他开始反思自己的人生了，他逐渐意识到衰老和死亡成了他不得不考虑的问题。

如果想要进行深入的自我探索，就必须面对死亡的话题，因为成人的一个主要任务就是遵从衰老弱化的现实。许多咨询师在与中年来访者进行交谈时，发现许多心理病理学现象都来自死亡焦虑。雅克在讨论中年危机的文章中说道：“一个步入中年的人，如果没有成功地建立起婚姻和职业生活，或者培养起热爱的兴趣爱好而无视随之而来的情感贫乏，都是没有准备好面对中年的需求，无法享受来自成熟的乐趣。在这样的情形下，步入中年的人一旦意识到自己在不断接近死亡，便容易出现中年危机，经历心理困扰和沮丧的崩溃时期。”其实不难发现，老A已经陷入抑郁情绪中，他在感受到时间的无情后放弃了挣扎，现在的生活似乎并没有吸引他的地方，人总是要死的，努力有什么用呢……

许多人可能会认为那些生活不顺、希望破灭的人会欢迎死亡的解脱，但是一项对罹患癌症的病人的研究结果表明，当生活令人满意时，死亡不太令人烦恼，生活满意度越差，人们越容易抑郁、焦虑、愤怒，并且整体上更加在意疾病和挑剔他人。存在主义心理治疗认为，如果能够帮助病人体验到生活的满足感增强，就能使其过度的焦虑得到化解，让内心平静下来。生活越是不满足，死亡焦虑就越强烈。老A在工作中举步不前、在婚姻中矛盾不断、似乎也看不到孩子未来有何发展，他难以从目前的生活中汲取到爱、生命的意义和满足感，他经常在梦境中看见自己掉落深渊的样子，没什么事情对他是有意义的：无依无靠、时间无情流逝，以及不可避免的死亡，困境是一种既定事实，这让他陷入绝望，失去了行动力。

老 A 是个要强的人，他长期支撑着整个家庭，难以言说他心底的恐惧和无助，表现在妻子面前就是无尽的沉默，随后引发无数的争吵。但是与人分享脆弱是开启通往亲密大门的钥匙，在咨询师的建议下，老 A 鼓足勇气，和妻子表达了他对于工作的疲惫、对孩子的无奈，以及多么不愿意和她争吵，看到她生气难过，自己也会痛苦自责，妻子听到后忍不住落泪了。老 A 从这些眼泪中感受到了久违的亲密，慢慢地他接受了自己的脆弱，时间的流逝更少地被理解为生命的消逝，他的生活有了新的奋斗目标，未来还有几十年，在亲人的支持下，他还有很多东西可以慢慢尝试和享受。

面对健康、事业、家庭的压力，如果不能妥善解决，遭遇了困难和失败，就很可能陷入中年危机，影响自己的婚姻生活。中年人的婚姻是沉重的，上有老人需要照料，下有孩子需要养育。中年人的婚姻也是脆弱的，爱情的甜蜜浪漫，逐渐被日常生活中琐碎的柴米油盐酱醋茶取代。如何在多重压力下妥善地经营好婚姻，是所有人都应该慎重考虑的问题。

步入婚姻不是一劳永逸的结束，而是全新生活的开始。也就是从一个人独立生活，到两个人共度一生。面对多方的压力，我们要正视身体的变化，共同面对经济的压力，相互包容、相互理解，学习合适的沟通方法，合理化解自己的情绪，不要让自己的情绪伤害到爱自己和自己爱的人。

百年修得同船渡，千年修得共枕眠。劝君惜取枕边人，一两黄金一缕情。

人生困境中个人角色的转变

存在主义强调个体在现实中的存在和自由选择的重要性，同时也强调个体面对无意义的存在和不可避免的死亡所带来的焦虑和绝望。

身处困境中的个体的自我认同和身份会重新建立。个体可能会重新思考自我认同，这可能会导致与配偶的认同危机。比如，老 A 随着年龄增长，出于各种原因遭遇了职场危机，这无疑是对老 A 信心的一种沉重打击。老 A 可能会发现，在家庭最需要自己遮风挡雨的时候，自己并没有像主流社会所刻画的中年男人一般可靠，这为他带来了严重的心理焦虑，他期待自己能够应对自如，但事实表明他和自己心中的预期并不相符。再加上他不善于表达，妻子可能仍然认为他就是社会上所认同的“可靠中年男人”，没能帮他及时排解这种焦虑，这种认同的区别，导致了婚姻危机的出现。

但是从另一方面来看，人生困境也可以成为夫妻共同成长和发展的机遇。例如，夫妻可以一起面对和解决困境带来的挑战，加深相互的理解和信任，共同探索新的生活方式和生命意义。

学点心理学

【存在主义心理动力学的四种终极关怀】

欧文·亚隆在《存在主义心理治疗》中阐述了存在主义心理动力学的基本内容。不同于传统的精神分析，其基本冲突为驱力，存在主义心理动力学的基本冲突为在个体面对存在的既定事实时引发的冲突，意指某些终极关怀、某些人之所以为人的核心特质。

他在此书中提到四种终极关怀：死亡、自由、孤独和无意义。存在主义心理动力学是关于这四种既定事实，以及由它们产生的意识和无意识的恐惧和动机的学说。个体与这些生命真相正面交锋，构成了存在主义动力性冲突的内容。

死亡。最显而易见的、最容易理解的终极关怀就是死亡。我们现在存在，但是总有一天，这种存在会终止。死亡将如期而至，没有逃脱之路。这是一个恐怖的真相，能引发我们巨大的恐惧。

自由。一般来说，人们都认为自由是一个毋庸置疑的积极概念。然而从终极层面来看，自由是与忧惧耦联在一起的。在存在的意义上，自由意味着外部结构的空白。与日常经验相反的是，人类并不是进入（和离开）一个拥有内在设计、高度结构化的宇宙。实际上，个体对他自己的世界、生活设计、选择及行为负有全部责任，也就是说个体是自己世界的创造者。在这种意义上，自由带有一种可怕的暗示：它意味着我们所站立的地方并不坚实——什么都没有，是空的，是无底深渊。所以，存在主义一个关键的动力性冲突就是，我们无根基的处境与我们对根基和结构的渴望之间的冲突。

孤独。第三个终极关怀是孤独——不是伴随着寂寞的人际性孤独，也不是个人内心的孤独（与自身的其他部分隔离），而是一种根本性孤独——既与生命隔绝，也与世界隔绝。无论我们之间变得多么亲密无间，仍然存在一个最终无法逾越的鸿沟；我们每个人都是独自一人进入这种存在，同时也注定要独自离开。一方面是我们对自身绝对孤独的意识，另一方面是对联结、保护的渴望，以及成为一个更大整体的一部分的愿望，存在性冲突就是这两个方面之间的张力。

无意义。第四个终极关怀或存在的既定事实是无意义。如果我们注定要死，如果我们构建我们自己的世界，如果每一个人最终都是独自一人身处于一个无关紧要的世界之中，那么生命有什么意义？我们为什么要活着？我们应该怎样活着？如果并不存在为我们预先设计的蓝图，那么我们每个人就必须构建自己的生命意义。然而，一个人自己创造出来的意义能否坚强到令其能容忍生活？人类这种寻找意义的生物，却被投入本身毫无意义的宇宙之中，于是，存在的动力性冲突便从进退维谷的境地中滋生出来。

第四节　离婚的伤害可以很小

离婚可能并不是婚姻痛苦的终点

许多人认为不幸的婚姻带来的痛苦会在离婚后逐渐烟消云散，并且逐渐淡出自己的生活。诚然，离婚标志着一段新生活的开始，但家庭破碎带来的痛苦或许会延续，对自己的工作和生活造成困扰。

小 A 挣扎了 2 年多，最终还是选择了离婚。但是离婚后她迟迟不能从离婚的困扰中走出来。其中最让她揪心的是她 2 岁的孩子。因为她要在大城市打拼，母亲又不愿意来城市帮忙带孩子，最后只好选择在老家贷款买房，有个窝让母亲帮忙带孩子。每次和孩子视频，孩子在手机那头哭，她则在手机这头哭得更伤心。除了对孩子的牵挂和歉疚，离婚后要独自面对的各种开销也让她苦恼，只能花更多的时间和精力来挣钱。所以离婚后的各种情绪问题就会经历被其他事情掩盖时的暂时麻醉、爆发、再掩盖、再爆发的循环。小 A 真希望自己再忙点儿，忙到忘记自己有一个孩子、忘记自己离了婚、忘记自己面对诸多问题时各种乱七八糟的想法……

离婚带来的正面影响

不管是从以上案例来看，还是从自己身边的例子来看，都不难发现：离婚是很沉重的。有一项研究是让人们回答在他们的生命中不同事件所带来的压力和变化的程度，结果“配偶的死亡和离婚”始终高居榜首。试想，当人们离开一段悲惨的婚姻，尤其是离开充满敌意甚至施虐的伴侣时，会怎样？那简直就是兴奋不已，身边的人知道后只会祝贺她重回自由。

在最近热播的真人秀节目《再见爱人》中，节目组邀请了三对婚姻出现问题的夫妻，他们分别处于“想离婚”“在离婚”和“已经离婚”的状态。节目组通过安排一场为期 18 天的旅行，让他们彼此再次试探相处，再决定婚姻的去向。其实，这一档节目从侧面反映出大家对离婚态度的转变。从讳莫如深到通过节目分享经历，大众对离婚的态度越来越包容和多元，更多的人开始尝试从离婚这一重大压力事件中探求积极的一面。开头提到的案例的来访者反馈，通过之前的一段婚姻，她更加清楚了自己想要的伴侣是什么类型的，孩子不在身边也给了她很多自由。这些都是离婚带给她的正面影响。

离婚后无法忽视的痛苦体验

无论是主观自愿还是被迫离婚，都多多少少会给人带来一些比较痛苦的情绪体验，这也是无法忽视的存在。

一项著名的德国社会经济学研究结果显示，经过 18 年的追踪监测，离婚会让人的生活满意度大幅下降。但与此同时也有几个有趣的发现：首先，注定要离婚的人在离婚数年前就已经不太快乐，甚至迈入婚姻时就不太满足；其次，离婚会打破生活满意度日益下降的轨迹，也就是说一旦人们离开痛苦的婚姻，生活就会开始变得更好（这个地方和前面生活满意度大幅下降不矛盾吗？是不是应该换一种表述还是研究结果复述不正确）。最后，数年之后，离婚的人仍然不如他们当初结婚时那般幸福。也就是说，离婚总体上来看还是会造成伤害。案例中来访者离婚后，很长一段时间都是恍惚的状态，上班没有热情，下班心神不宁，甚至或长或短都会有一段时间认为自己失去了爱的能力

从存在主义的视角看，当人们体验到消极情绪时，意味着我们的

存在有什么地方出了问题，提醒人们需要去进行修补。但是仅仅表现出痛苦或者消极情绪本身并不能改善生活，甚至会导致消极情绪的扩增。因此存在主义咨询的出发点是帮助人们学会读懂情绪背后隐含的信息，让他们做到掌控而不是忍受。破碎的婚姻中，人们面临的情境不同，体验到的情绪也不同，人们可能会遗憾，可能会愤怒，可能会失望，等等。总的来说，必定是当前的感受已经脱离了人们对于婚姻中幸福感的定义，大家才会走到离婚这步。所以要想理解婚姻破裂时的情绪，就需要问自己一个问题：婚姻中幸福的核心是什么？过去的婚姻里什么阶段是最快乐的？发生了什么让我们失去了获得这种快乐的能力呢？

案例中小 A 的情绪崩溃发生在她面对孩子时，作为离异需要独自照顾孩子的母亲，小 A 无论是精神上还是物质上都经受着许多的挑战，她担心自己没有足够的时间陪伴孩子，也担心自己的工作无法负担孩子日益增加的开销，每每面对孩子，她就会被未知的恐惧及强烈的歉疚淹没，可是她却没有空间消解情绪，能做的只有回避，减少和孩子接触，全心全意投入到自己的工作上。但我们都知道，她这么做只会让她失去更多和孩子相处的时光，到最后仍会追悔莫及，所以她需要做的是探索离婚给她带来的冲击究竟有多大，还是更多只是她想象中的恐惧。小 A 需要直面恐惧，想象如果只有她一人带孩子最坏的情况是什么，也许情况并不会那般糟糕。

离婚带来的客观损失

首先在人际上，离婚会导致社交圈子缩小。离婚是个一分为二的过程，随着婚姻关系的解体，她或他不再属于你了。她或他的亲人和朋友也天然的不再与你有直接联系了。一个女生离婚了，还经常跟前夫的家人来往是很少见的，离婚后会自然失去很大一部分家人。而且还有一种更可怕的情况，因为一些传统观念的影响，很多人离婚后会被有意地疏远。这样一来，一位离异人士能获取的社会支持就更少了。案例中的小 A 提到，在离婚后，一些昔日相处较好的同事会有意无意地疏离她，甚至公司小圈子会编造无中生有的事情中伤她。

其次在经济上，离婚会导致经济资源减少。一般来说，女性离婚后，经济状况通常会走下坡路。为什么呢？一是女性通常在原有婚姻家庭中扮演照顾家庭的角色，因此工作投入会少一点，经济基础也会相对薄弱一点；二是在大多数情况下，离婚后女性更可能会抚养子女，经济压力更大。像案例中的女性，有房贷还要抚养孩子，经济压力更大了。

最后，如果离婚的夫妇育有孩子，孩子的心理健康也会受到离婚的影响。数十年的研究集中得到一个结论：与那些父母维持婚姻的儿童相比，父母离异的儿童在青少年和成年早期幸福的水平都较低。他们往往心理适应能力低下——体验到更多的消沉和焦虑，对生活满意度较低；他们的问题行为更多——吸食毒品、少年怀孕、学业不良等；他们成人后的亲密关系也更为脆弱——离婚家庭的子女也比其他人更可能离婚。案例中 2 岁的孩子因为长期与父母分离，由姥姥带大，所以表现为很没有安全感，也比较容易哭闹，不知道如何表达自己的需求。

如何减少离婚带来的伤害

离婚会带来很多的负面影响，如果真的走到了了离婚这一步，我们如何最大限度地减少伤害呢？

（1）减少情绪困扰，重新出发。自我排解、寻找亲朋支持都是很常用的办法。其实，现在我们还可以通过专业帮助——心理咨询，来不断洞察自己的内心。心理咨询可以引导你渡过离婚后的余波。更确切地说，心理咨询师会运用多种咨询技术帮助你提升自尊和自信，接受现实，并重夺生活的主导权。咨询师还会用健康高效的方法帮你处理你对前任的残存感情。当你的感受有了出口，它们就不会在你的内心压抑堆积。对很多人来说，失去家庭角色的时候，找回自己的社会角色是很难的一件事，这时候就需要心理咨询师的介入。专业人士可以帮你重新找回自己的身份，助你走出离婚的阴霾，迎接新生活。

（2）**拓展社交圈，增加生活情趣。**折翼的天使也可以飞翔，虽然离婚确实会给人带来很多变化，并且人们往往需要耗费数年的时间来适应婚姻的结束，但是大多数人都能逐渐恢复，振作起来重新开始生活。婚姻破裂固然意味着失去，但也为获得提供了更多的空间。脱离了家庭和伴侣的束缚，你可以再次找回朋友，探索、享受生活的时间和空间。自由意味着你可以踏上寻找新的朋友和伴侣的旅程，可以在静谧的夜晚与知心的朋友彻夜长谈、排解忧愁。所以，离婚没有想象中那么可怕，你可以一个单身人士自居，重新获得无限的可能性。只要我们重新投入时间和精力进行探索，未来依旧充满希望。

（3）**积累经济实力，培养独立性。**保持个人的独立还是有必要的。无论是男性还是女性都需要有自己的一片天地，有独立生存的能力。家庭和事业的失衡是危险的，尤其是遇到离婚这样的危机。并且如果遭遇经济危机或者疫情冲击等导致经济能力受损的事情，我们总要思考如何活下去的问题。

（4）**妥善照顾孩子，减少次级伤害。**离婚对于孩子来讲有很大的冲击。但是离婚不会直接决定孩子的未来。研究表明：首先，离婚家庭的儿童体验到的许多糟糕后果会随着时间的推移逐渐减少，如果能充分爱护儿童，他们就能康复；其次，如果儿童在父母离婚后仍能与父母有高质量的亲子关系，那么他们也不太会受到离婚的影响。因此，如果子女能享受到免于贫困的自由，得到充满关爱、可靠和持续的养育，免受父母冲突的伤害，他们就能幸福地成长。

当儿童生活在很少发生矛盾和冲突的完整家庭时，他们最幸福；而当离婚发生在低冲突的家庭时他们的幸福指数会明显降低。但如果儿童生活在持续发生冲突的家庭之中，父母不离婚时他们的情况更糟；当离婚能结束充斥愤怒、困难重重的家庭关系时，儿童的幸福指数几乎没有一点下降。因此，痛苦的夫妻是否应该“为了孩子而在一起”这个问题取决于他们能否彼此以礼相待：当和平的婚姻破裂时，儿童就会受到伤害，但如果家庭充满冲突，则离婚会让儿童的境况变得更好（Musick & Meier，2010）。

总的来说，离婚不是一只彻头彻尾的洪水猛兽。有的人可以通过离婚迎来重生。虽然大多数情况下，离婚会影响当事人的情绪、人际关系、经济和孩子。但是如果我们能够恰当调动资源、转换新的互动方式、平时多提升自我、学会妥善安排，那么值得重新去爱的新生活便不再遥远。

学点心理学

【情绪循环】

人类的情绪可以被视为一个人为操纵现实进行的神奇尝试，即对于事物对自身是否有价值的一种判断。例如，当一个人试图抓住有价值的东西，但是它却有失去的危险时，会产生嫉妒和愤怒这样的情绪；恐惧和悲伤与一个人必须放弃或者失去有价值的东西有关；内疚和羞愧是一个人对于缺少有价值的东西的感觉的表达；渴望和希望这样的情绪表明一个人想要得到某物；爱恋和快乐是对拥有有价值的东西的感觉的表达。任何一个令人靠近有价值的东西的情绪体验都是积极的；任何一个令人远离有价值的东西的情绪体验都是消极的。

情绪循环（见图 5-1）从上到下是从拥有某些非常有价值的东西，到认为是必需的，再到损失和最终没有。情绪循环从下到上是从缺少有价值的东西的空虚感，到想得到渴望的东西，再到最终完全拥有。

每种情感都被认为既有积极的一面又有消极的一面，情绪本身没有对错。如图所示，破坏性的情绪体验和建设性的情绪体验之间可能会发生转换。

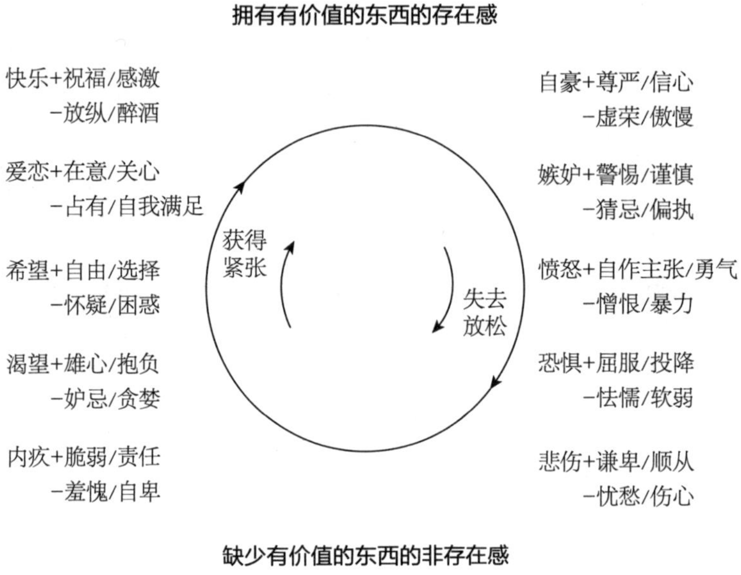

图 5-1　情绪循环

第六章
【系统视角】开阔视角，构建幸福婚姻

因为人们的行为并非由他人实际的想法决定，而是受到人们所认为的他人想法的支配，因此建议直接大胆地对关于他人的推测和猜想进行提问。

——弗里茨·西蒙（Fritz B. Simon）和
克里斯特尔·莱西－西蒙（Christel Rech-Simon）

第一节　婚后与对方家庭相处的良方

谈恋爱是两个人的结合，而婚姻是两个家庭的结合。很多人把婚姻当成一劳永逸的投资，选了一只好股票就可以当甩手掌柜。但是，婚姻其实更像是创业，不论是夫妻的小家庭，还是双方的大家庭都需要我们苦心经营。知名心理学家曾奇峰曾说：夫妻关系是家庭的定海神针。当今中国社会比较常见的家庭模式有核心家庭、主干家庭和联合家庭三种形式，其中与公婆同住的主干家庭中发生的代际矛盾，又是极为常见的问题，下面我们就来聊一聊，婚后如何与对方的家庭相处。

嫁的是一个人还是一家人

25 岁的小 Q 自述：自己和丈夫结婚两年，有一个一岁的儿子。虽然两人都在努力工作，但是如今高昂的房价让月薪一万元上下的两人，难以承担买房的压力，而自己的父母又身在外地。为了节省开支，同时方便照顾孩子，自己选择在婚后和公婆住在一起。公公是老一辈的知识分子，而婆婆是一位国企退休的领导，丈夫则是家里的独生子，从小过着饭来张口、衣来伸手的日子。婚后同住的日子里，小 Q 一开始处处忍让，但时间长了，还是会因为各种各样的原因和公婆发生冲突。

首先，在生活习惯上，小 Q 喜欢吃辣，但是婆婆要求吃口味清淡的，清淡的养生；小 Q 虽然赚钱不多，但喜欢打扮自己，而婆婆就会唠叨她乱花钱，等等。

其次，自从婚后家里的家务都是小 Q 全包，小 Q 上班的时候婆婆会帮忙带孩子，但公公和老公则是甩手掌柜，看到小 Q 和婆婆忙不过来，非但不帮忙还不停差使小 Q 干活。

最后，小 Q 和丈夫的感情不错，但是小 Q 总觉得丈夫和婆婆的联系更紧密。有的时候，小 Q 和丈夫去小区花园散步，婆婆也要跟着一起去；而当小 Q 和公婆发生矛盾的时候，丈夫都仿佛没事人一样，看着婆媳俩吵架，然后对小 Q 说没什么大不了的。

和公公婆婆一起住的日子，小 Q 心里充满委屈，她觉得自己在家里找不到位置，也没有和丈夫的独处空间，再这样下去，丈夫也不是自己的了。对于自己的情况，她也不想跟家人说，她只希望尽快租个房子，早点搬出去，自己经营好自己的小家庭。但这个念头并没有得到丈夫的支持，小 Q 很绝望，不知道自己该何去何从。

谁是婚姻的主干

小 Q 正遭遇的，正是与公婆同住的主干家庭常出现的问题——家庭代际冲突。所谓家庭代际关系是指同一家庭中上代人与下代人的关系，如父母与子女、儿媳的关系，祖孙关系等。两代人的价值观念、思想认知、行动目标存在差异，同时，家庭内部资源有限而引起分配不均也会导致冲突，这里的资源不仅仅指物质资源，还包括情感资源、爱的资源。美国人类学家玛格丽特·米德在《文化与承诺》中提出，家庭里的代际冲突是普遍存在的，人的心理与行为是受到自然和社会环境影响的。下面让我们看看，小 Q 毫无家庭归属感的背后有哪些家庭代际冲突方面的原因。

第一，价值观念、思想认知、行动目标存在差异而引发的代际冲突。小 Q 的公公婆婆是 1960—1970 年出生的一代人，这代人经历过苦日子，但也是首先把握住改革开放良机来发展自己进而取得巨大成就的一代人。在这一代人的身上有明显的保守和沧桑感。小 Q 的婆婆作为曾经的国企领导，其经历和能力决定了她在家中的"领导角色"，所以小 Q 在家庭冲突中，无论是饭菜的口味还是钱应不应该用来买衣服的问题，感受到的都是被领导管束的下属的角色体验。

第二，物质资源再分配引发的代际冲突。和现在许多买不起房与父母合住的年轻夫妻一样，小 Q 的婚姻中面对的最大的物质资源再分配问题就是住房问题。房子不仅仅是一个物质资源，它更是一个生活空间，准确地说，家庭系统中任何物质分配的背后都是小 Q 及所有共住成员在这个空间中生活享有的权利和义务的分配，在萨提亚家庭治疗的理论里这是一套家庭系统。家庭代际关系正是发生在家庭系统中，深受家庭系统的影响，同时也正是由每一个家庭成员自己构造了属于他们的家庭系统。从小 Q 加入这个家庭开始，她便让这个家几十年磨合而形成的、貌似平衡的家庭系统产生了冲击，而这套系统的运行规则也发生了相应的改变。

小 Q 的家庭裹挟在时代大潮之中，这种改变有了明显的时代特点，那就是时代对父权家庭的冲击。在小 Q 加入前，这是一个传统父权式核心家庭的缩影，比如公公和丈夫可以不承担家务，婆婆通过家务权力的让渡，在家中获得了一定的决策权，如吃什么、买什么等。在小 Q 加入后，新时代主干家庭中，文化反哺现象弱化父权，也造成了两代之间获取信息不对称，亲子交流减少，扩大了代际之间的差异与隔阂。因此，当家务全部被分配给小 Q，而丈夫依然无须承担的时候，她产生了不公平感。再加上，作为儿媳妇，小 Q 在承担家务的同时，婆婆并没有将家中的决策权让渡给她，产生了权利与义务不对等的家庭规则，这就更增强了这种不公平感。在任何人际关系中，个体之间均衡的交换都是非常重要的，相对于均衡的代际支持，任何不均衡的代际支持都会给个体带来情感上的损害。

第三，情感资源、爱的资源匮乏。在小 Q 的家庭中，情感资源的缺乏表现在两方面。第一方面，是“母体家庭”的捆绑。艾奥瓦大学教授卢蕙馨（Margery Wolf）提出，母亲和儿子是一个“母体家庭”，母亲靠生儿子获得家庭地位，靠养儿子获得未来的养老保障，母亲和儿子产生了一种唇亡齿寒的关系，因此儿子总是婆媳矛盾爆发的原因。小 Q 的婚姻关系，对婆婆的“母体家庭”确实是一种分离的威胁，因此才会出现夫妻要去散步的时候，婆婆也要跟着去的事件。第二方面，是小 Q 社会支持系统的缺失。小 Q 父母远在外地，小 Q 不愿意将自己在新家的不如意跟父母说，而只能向丈夫诉苦，显然丈夫提供的情绪价值又不足以支撑小 Q 在家庭里继续生活下去，小 Q 无法在自己的社会支持系统里找到情感支撑，这就让小 Q 产生了要逃离的念头，想要搬离这个家以回避这些问题。

智慧应对，你的婚姻你做主

事实上，代际差异与冲突是具体的、历史性的，但并不是根本利益的差异与冲突，甚至有学者的研究认为，合理、适度的代际差异与冲突是客观且有价值的。我们所能做的是积极地、有步骤地和家人一起解决问题。就像电视剧《少年派》演的那样，贯穿全剧的主题是“家庭的成员是要一起努力、一起成长的”。

萨提亚模式又称萨提亚沟通模式，是由美国首位家庭治疗专家维琴尼亚·萨提亚（Virginia Satir）女士所创建的理论体系。萨提亚提出“人人平等，人人都有价值”，萨提亚治疗理论建立在系统理论上，其最大的特点就是重视人性的发展，关注在家庭中每一个家庭成员的自尊心，以及家庭成员之间的沟通模式。事实上，她认为每一个个体都拥有改变的力量，能够让自己得到成长，消除冲突，实现家庭和睦。而在现实中，考虑到小Q及其丈夫的经济情况、对年幼孩子的照料及小Q丈夫的意愿，目前搬出这个家显然没有那么容易，即便搬离也不意味着问题就解决了，那么萨提亚模式会给小Q一家人什么样的方法来缓和代际冲突呢？

（1）改造家庭规则的需求。解决家庭代际冲突需要改变家庭整体的运行规则。家庭规则是个不成文的管理体系，家庭规则使家庭形成秩序，它能够决定成员的行为。健康、良好可以促进家庭成员成长的家庭规则应该是清楚一致、尊重人、富有弹性、适应环境变化且可调整的。处于父权制与新家庭秩序的交织之下，像小Q这样的青年并没有现成可借鉴的婚姻家庭模式，这既不同于费孝通笔下《乡土中国》传统的宗族父权家族，也不是西方相对独立的核心家庭模式。在这样的复杂情况下，家庭规则如果没有尊重每个家庭成员的独立性和平等性则会失去家庭成员对家庭规则的认同与维护，从而失去其应有的作用，影响整个家庭系统的正常功能。为保证家庭系统的正常运行，当有突如其来的事情打破家庭的平衡状态时，家庭系统会运用自有的资源来使家庭恢复平衡。当家庭无法自行恢复时，就需要审视家庭整体系统的合理性，首当其冲的就是家庭规则。

（2）树立正确信念的需求。萨提亚认为人的不良情绪和障碍性行为是由于内心的信念导致的。除却家庭整体规则的影响，家庭成员的固有观念是其行为的主导因素。在同一个事件上，不同的认知会促使家庭成员做出不同的应对行为。例如，传统观念里，父母是整个家庭的权威，而年轻一代受到当下平等观念影响，追求个体化，追求平等。以平等的态度对待其后代，同时也希望能够被上一代平等对待。当小 Q 夫妇要出去散步，婆婆想要跟随的时候，小 Q 如果不把这种行为看作对丈夫的抢夺，而把散步看作一场家庭活动，邀请公公、带着孩子，这样的散步是不是会更愉快呢？又或者，小 Q 把和丈夫的亲密时光改换成一起吃午饭这样的形式，这样她既能吃点她爱吃的，又可以享受二人时光，两全其美。

（3）促进家庭成员角色成长的需求。家庭是一个系统，拥有较为固定的运行模式，家庭成员生活在家庭系统中，就需要接受系统赋予的角色。角色不清是指角色扮演者对于某种角色的行为标准不清楚，不知道这一角色应该做什么及怎样去做。一个人在家庭中的角色并非是单一的，一个妻子同时也担任着儿媳和母亲的角色。角色认知不明或者在家庭变动时对新角色成长不足就可能会出现成员不承担相应责任的状况，其他的家庭成员则不得不帮助承担其责任或者自行承担责任。小 Q 的丈夫显然习惯了在家中儿子的角色，而对于自己丈夫的角色、父亲的角色缺乏清晰的认知，因此从原生家庭中分离，确实会在客观上帮助他形成新的家庭的概念认知。如果不能分家，可以尝试用短期旅行的方式推动其成长，如每个月约定一次固定的旅行。事实上，旅行是最能暴露亲密关系中问题的一种方式，之前热播的《再见爱人》就是在这样的基础上制作的情感类真人秀。从中我们会发现婚姻和旅行极为相似，都是两个人共同协作克服一个个难题，因此旅行本身也可以是婚姻磨合的一个过程。

（4）**重塑沟通方式的需求。**家庭系统合理运行离不开各个子系统的正常沟通交往。家庭成立之初，家庭成员相互之间拥有固定的互动模式。沟通模式的形成与家庭角色有关，同时与家庭成员地位与性格也有关，这种模式是在相互交往之中无形中形成的。沟通模式的选取会影响沟通效果，良好的沟通能够起到化解差异、增进理解的作用。家庭中，在血缘亲情和爱的纽带作用下，家庭成员之间的沟通都是以关心和爱为基础的，然而不恰当的沟通方式会让家庭成员产生情绪上的反感和排斥。在萨提亚看来，良性的沟通方式是“表里一致”的方式，所谓表里一致是指一种同时顾及自己、他人和所处情景的沟通方式。有效沟通，直面冲突。德国哲学家哈贝马斯提出：有效的沟通应该具备真实性、真诚性与正当性三个特点。通俗来说，真实性是实话实说，不欺骗也不隐瞒；真诚性是态度端正，不放弃也不麻木；正当性是合理合法，不伤害也不破坏。

沟通模式的建立，是重塑沟通方式的重要步骤。在“人人平等，人人都有价值”的信念基础上，定期召开家庭会议、设定主题，由大家共同商议一个可执行的解决方案，用这种方式来应对出现的问题。

学点心理学

【系统视角：观察塑造系统，改变助力成长】

当传统问题被用系统视角看待时，往往会有不一样的发现。而这之中很重要的一个元素就是观察者。观察者不一样，他所看到的系统也就不一样。系统到底是什么样子，取决于谁来观察。所以我们在关注问题是什么的时候，可以尝试去了解问题是谁定义的。当我们不把一个人说的问题定义为孤立的问题时，格局就打开了。

当信念改变了，我们的行为、语言、态度等都会发生改变，以系统的视角来看，我们的关系也就会随之发生改变，当我们去拥抱这种改变的，就会成长为更好的自己！

第二节　如何平衡伴侣、孩子和自己的关系？

高知女性陷入家庭旋涡，该何去何从

某年轻女性 W 走进咨询室，她想和咨询师讨论真正的自己到底到哪去了？ W 自述她从小就很有主见，上学时是学霸，是老师的宠儿、父母的骄傲。从校园到职场一路走来，都非常有成就感。她与丈夫相识于大学，感情非常好，两人的价值观契合，两人不仅在初入社会时互相帮助与扶持，彼此也有心灵上的交流，经常彻夜长谈，关系紧密的两人很快地步入了婚姻。

但自从孩子出生后，一切都改变了。

比之以往，W 需要花费更多时间和精力在孩子和家庭身上，逐渐找不到以前能从工作中获得的成就感与充实感。每天上班渐渐流于形式，生活的天平向家庭倾斜，工作在 W 的生活中被边缘化，W 甚至感到她原本归属于工作的时间都被用来思考如何更好地照顾家里和孩子。她开始迷失，好像自己的生活只有孩子和家务，工作则变成了赚钱的工具，没有太多价值，现在过的就是周而复始的琐碎日子。

另一件令 W 感到心烦的事是，她与丈夫之间的交流渐渐变得贫乏而生疏。以前两人的相处模式和聊天内容都非常自由，能够随意地谈天论地、进行深度的灵魂对话，而现今两人唯一的话题就是孩子。

随着孩子上幼儿园，W 的任务愈加繁重，孩子在园的大事小事都需要她操心，每天微信群接龙以及给孩子准备各种幼儿园用品是 W 的生活常态。孩子在幼儿园的表现更是令她烦扰，孩子说话很冲，经常和其他小朋友起冲突，W 因此三天两头就需要跑到幼儿园跟老师沟通、给其他家长解释或者道歉。孩子回到家对 W 的话也不再言听计从了，偶尔还会顶撞 W，说妈妈管得太严厉，自己不自由。每每出现这种情况，孩子都会跑去爸爸那寻求保护，爸爸不问事实，每次都盲目护着孩子，这更让 W 气不打一处来。有了爸爸的宠爱纵容，孩子与爸爸的感情更好，与 W 关系愈加疏离。久而久之，孩子更不愿意听 W 的话了。

W 向咨询师抱怨，她发觉她越来越不认识自己，生活也离自己理想中的样子越来越远。然而，即使让 W 说出自己想要的生活具体是什么样的，W 都有些不知从何思考，对于重新找回自己，W 也有深深的无力感，不知道自己还能不能做到，而对于从哪开始做起更是全然没有头绪。

以下，本文将基于系统家庭的理论观点，从案例延伸出几个方面进行探讨。首先是从系统家庭的角度重新检视家庭，包括三位家庭成员的整体系统、家庭中夫妻的子系统；重塑家庭关系的方向，涵盖多重身份的拓展、自我觉察与成长；最后是具体的措施建议与心理学基本知识补充。

重新检视家庭

伴侣、孩子与自己的三角关系——以系统家庭视角为出发点

其实，伴侣、孩子和自我的关系直观来讲是一个三角关系，如处理得当，将是一个非常稳定相互支撑的状态；但如果处理不当，将可能相互产生负面影响，继而带来重重危机。

根据系统家庭的理论视角，每位成员在家庭中各有其角色与位置，成员间的互动关系也在互相影响着彼此。许多问题的产生是在成员之间固定、僵化的相处模式下不断循环作用的结果。问题的症结不在于谁是应该被检讨的对象、谁引发了问题，而应该聚焦于家人之间的关系，这

种关系具有互补性，成员之间也因而可以互相改变，由关系中的一方推动另一方。家庭问题其实是基于家庭成员的特定相处模式而形成的，是家庭成员共同塑造的结果。

以本文的案例而言，局限于自我视野的 W 无法意识到自己在家庭系统中的位置，以及自己的行为所导致的连锁反应。孩子可以不理会母亲 W 的责骂，是因为有父亲的包容和袒护，孩子与父亲的关系是互补的。父亲的宠溺愈发衬托出母亲的严厉，两人所扮演的角色在不知不觉中彼此强化，也间接促成了孩子在关系中偏向父亲、不服 W 管教的恶性循环。

因此，若 W 可以放大视野，将自己从原本限定的视角中跳脱出来，看见系统的全貌，她将更加清楚地意识到自己在系统中的位置，并对自己的行为与其影响有更加深刻的觉察。同时，她也将能摆脱原先与家人互相责备的逻辑，而看见问题中自己可以控制掌握的那一面。

我与丈夫的关系——家庭中的子系统

除了前一部分提到的对家庭系统整体性的视角外，家庭中也存在着子系统，比如案例中 W 与丈夫之间存在夫妻这一子系统，同时也存在父子及母子的子系统。W 与丈夫之间曾经建立了良好的夫妻子系统，但在孩子出生后运作开始失常。

婚姻关系通常是一个家庭的起点。夫妻关系是核心，夫妻和家才和。心理学大师弗洛伊德认为 3 ～ 6 岁的孩子会有俄狄浦斯情结。简单来说，从心理学层面，这个阶段的孩子会有代替同性父母而占有异性父母的天生冲动。孩子和伴侣的冲突是天然的。因此，我们就不难理解，有了孩子的家庭会更加复杂，也会有更多的矛盾和冲突。

然而，作为家庭最初始的组成，一旦失去了融洽的夫妻关系，孩子也就失去最可靠的保障。父母关系是家庭气氛的晴雨表，或者晴天丽日，或者雷雨交加，都将深深影响孩子的心理和人格形成；夫妻之间的相处是孩子潜移默化的“修养课”，它将教会孩子待人接物的方式；夫妻关系还是孩子将来建立自己的婚姻模式的启蒙。父母的关系状态，会在孩子的潜意识中留下印记，影响到他将来对待婚姻的态度，等等。良好的夫妻关系经营对于孩子的健康成长大有裨益。

重塑家庭关系的方向

多重身份的拓展——寻求不同的家庭身份认同

我们在前面介绍系统家庭视角时提到，家庭中的每个人通常都会被看作具有特定性格，在系统中发挥特定作用的人。例如，在案例中，每一个人的角色看起来十分固定，W 和丈夫分别扮演着严母慈父的角色。家庭治疗领域的代表人物米纽庆（Salvador Minuchin）在其著作中曾指出，每个家庭都有在长年累月的日常互动中形成的确定性观念，认为家庭成员身份是单一而不可撼动的，然而，每个家庭成员的身份必须是唯一且不可改变的吗？

“自我是在不同的情境下诞生的……我们谈到身份时，好像它是一个整体，而事实上我们可以慢慢展开在一生当中形成多种隐形的身份，从而增加每个人与重要他人互动的灵活性。”

家庭中关系的模式塑造了彼此的生活与身份，但我们需要意识到，家庭成员的身份如同个体所具有的多元性，潜藏着无限可能，每位成员身上所携带的标签并不是永久的，我们完全可以去体验另一种身份与家庭位置，并以新的身份与家庭中的其他成员建立崭新的情感联结。探索我们在家庭位置中的多重身份，可以使我们以更广阔的视角看待自己，从而打通与家人联结的其他途径。

自我觉察与成长

对于 W 个人而言，在处理伴侣、孩子和我的三角关系时，自我是系统中的核心。

表面上，案例中 W 认为自己在孩子出生后过度地投入到家庭生活中，造成工作层面自我成就感的缺失。然而，这是否可能是因为 W 对生活和工作缺乏规划和控制才衍生出迷失自我的困扰?

先爱自己，再爱别人。说到如何与伴侣和孩子相处，我们首先就容易想到自己如何做，才能满足好伴侣、照顾好孩子。曾经读到过这样一个故事：一位妈妈离了婚，带着一个 12 岁的小男孩一起生活。一次妈妈要出远门，不放心儿子一个人在家，于是拜托自己的闺蜜到家陪儿子一天。实际上，闺蜜在的一天，小男孩自己把生活安排得非常丰富且有条理，一会儿学习、一会儿跟同学视频、一会儿打游戏，还给妈妈的闺蜜切水果和做饭吃。在这个故事中，小男孩的自理能力十分成熟，妈妈的生活也因此有了很大弹性。然而，生活中很多人会为了孩子选择直接放弃自己。就如同 W，将生活的重心完全放在家庭上，一时的舍弃还能从奉献的愉悦中得到平衡，但是天长日久就非常有可能演化为失落、愤怒甚至是怨怼。所以，先爱护好自己，你才有足够的能量去爱孩子。追求自我提升和照顾孩子不是矛盾的。若 W 能参加职业能力提升培训，经营自我，在照顾孩子时也可能会更有耐心和思路。将焦点从解决孩子的问题转向自我成长探索，自我的提升或将带来生活方式的转机。

对待伴侣，也是一样的道理。电视剧《三十而已》里一位妻子为了支持丈夫的生意，全职在家照顾一家老小生活，一心为丈夫做好贤内助，甚至为了多腾出时间做家务，连自我形象管理都忽略了。丈夫在外生意做得风生水起，婚姻却出现了危机。剧中的女主顾佳则走出了与这位妻子不同的道路。她虽然选择做全职太太，但在自我形象管理、对业务的学习、社会关系的维护上都没有落下。当丈夫出轨时，她有足够的底气遵从自己的内心做出选择并且将离婚后的生活处理得井井有条。所以就有了这句话：先爱自己，才懂爱情。案例中的 W 开始和丈夫深入沟通，让丈夫和自己一起分担家务，两个人一起进步，一起打破完全的

“男主外女主内”的模式，便能找到一个平衡的舒适点。这样一来，两个人用开诚布公的方式达成了共识，一起交流沟通的话题也更多了，好像昔日的灵魂伴侣又回来了，这也支持着两人子系统的不断完善。

先育自己，才能育孩子，才能经营好夫妻关系。父母是孩子的第一任老师和终身老师，其教育的理念、态度和方法将直接影响家庭教育的效果，进而影响子女的健康成长和家庭的幸福。团体辅导已被证实是提高家长素质的有效途径之一。这方面的辅导有个专业的名词叫：亲职教育（parents education）。因此，为了高效地陪伴伴侣和孩子，我们倒不如先修炼内功，从更科学的角度武装自己。参加一些目标在于介绍自我探索与成长方法、与时俱进家庭教育理念、亲子沟通技巧、情绪管理和家庭建设技巧训练等方面的培训或者自主阅读相关书籍。

当然，实践出真知，生活中我们需要做个有心人，不断总结与伴侣和孩子互动的经验和教训。《遇见孩子，遇见更好的自己》是美国三位教育专家写给为人父母者的一本书。作者认为，父母需要与孩子一同成长，要成为主动型家长，不断反思、谨慎用心，摒弃不正确的教育观念，把握好教育的分寸，提高自我觉察能力，积极参与孩子的成长。这些观点对当今中国父母具有借鉴和启示意义。同时，在伴侣关系中我们也应再加上一条“遇见伴侣，遇见更好的自己”。

每个人都可以学会的心理干预技术

1. 提问——厘清背景、引入新的可能性

要使案例中女性 W 的问题得以解决，我们可以从系统家庭的角度关注两个领域：是什么和可能是什么。相应地，我们可以采用澄清当前背景、建构现实的提问，以及让新的可能性进入视野、具有建构可能性的提问。具体来讲，可操作性的提问方式可参照系统家庭视角问题清单（见表 6-1）：

表 6-1 系统家庭视角问题清单

问题切入点	问题类型	具体问题示例
关于问题背景的提问	—	谁是第一个把目前 W 的生活状态称为问题的人?
	—	谁最有可能不把它当作问题?
引入新的可能性的提问	例外的情况	问题不出现的情况有多少(多久、何时、何地)?
		你是如何做到这段时间不让问题出现的?
	奇迹询问	如果这个问题一夜之间消失了,你第二天早上首先会做什么不同的事?
		谁对此最感到吃惊?

通过以上方式,我们就拓宽了看待 W 所谓问题的视角,当然也更有可能找到改善情况的资源。

同时,可以试图在两人之间发生争执时寻求客观第三人或第四人的看法,在第三者的见证下,我们可以更加清晰地认识到自己在家庭大系统中发挥的作用。

2. 拓展模式——观察与行为的作业

我们的观察往往带有主观性,为每一个社会互动和交际都划定了结构。如果我们改变了方向,用不同的方式来观察的话,我们的世界观会随之改变,进而可能发掘在家庭中的不同行为与互动模式。家庭中的每个成员可以分别独立地对某些以往不曾关注的事件进行观察,并约定一次会谈时间统一交流彼此观察的感想。例如,请 W 观察小孩表现出体贴行为的时候。

除了用不一样的方式观察外,也可以布置“不一样的行为方式”作业,我们习惯了既定的流程与模式,因此当家庭中有成员表现出不同寻常的举动时,以往的模式就可能被打破,我们将会看见相处模式中存在着不同的可能。可以请家庭成员每个人都做出一件平时不可能会做的、令人吃惊的举动，而其他成员负责观察这个举动发生的时间点。

学点心理学

【家庭系统与子系统】

家庭系统视角强调将家庭作为一个整体运作的系统来了解家庭成员的行为，其中必须关注过程（家庭成员的互动方式）及结构（家庭的组织方式）。家庭具有和所有人类团体一样的突出特征——整体大于部分之和。

在家庭的结构中，包括三角关系、子系统和界限等。一个家庭组织包括很多子系统，由一些特定的成员组成，彼此之间关系密切，与家庭其他成员之间存在着看不见的边界，如手足子系统将父母排除在外，夫妻子系统将孩子排除在外。这些从属关系有正面也有负面作用，既可以对家庭成员提供支持，也可能使被排除在外的家庭成员感到被冷落。

角色理论与互补性

角色理论的研究者认为，在社会现实中生活的个人如同戏剧舞台上的演员，具有一定的社会地位与身份。在结构上，社会正是由这些相互联系、相辅相成的地位与身份构成的。个人在各自社会位置上扮演自己角色的过程，也正是整体社会结构发挥其社会职能的过程。在家庭研究中，角色理论对于理解家庭的帮助在于角色的互补性。如同八卦图中的阴阳两极，在关系中也存在着这样一种相互性，一个人的行为取决于对另一个人行为的配合，角色之间彼此强化，家人间的关系始终是在互相影响下构筑的。值得我们注意的是，只要关系中的一方产生改变，就可能牵动另一方变化。

循环提问

循环提问的最基本观点是，在一个社会系统中所有展现出的行为总是能被理解成提供交流的信息：行为方式、症状、情感表达。这些不仅被看作人们之间发生的事件，而且在定义相互的关系和期待上始终发挥着作用。因此，系统家庭重视直接大胆地提问，使交流的意义呈现出来，这比只询问当事人自身的感受更有趣。因此对于涉及症状提问的核心就变成了每个家庭成员是如何理解症状的，关系到哪些期待和观察，以及他们对此是如何反应的。询问一个家庭成员对另外两个人之间关系的看法就是典型的例子，人们将这种方式称作“关于在座的人的闲聊”。比如：如果我问你的丈夫会如何看待你目前的生活状态，你认为他会如何认为？如果我问你们的孩子他的父母是否还相爱，你认为他会如何回答？通过这样的提问技术，系统中就会产生新的信息。

活现

活现的基本方式就是治疗师要求某些家庭成员在其他家人和治疗师面前展开对话，使交谈成为被其他家人和治疗师共同见证之下所发生的事。这增强了参与者的意识，认知到自己此时的交谈被密切注视着，从而更能意识到自己在家庭中的位置。同时，在互动内容以外，谈话的背景过程模式也是作为客观第三方的治疗师重点关注的，这些被观察到的行为模式将会在后续的治疗中通过治疗师的观察传达给家庭成员。

第三节　如何让重组家庭收获幸福？

重组家庭也就是再婚家庭，自有婚姻概念以来长期存在于人类社会之中。随着时代的发展，工业化国家的离婚率走高，再婚现象也变得越来越普遍，引发了社会各界的思考和探索。再婚家庭的结构非常多样，比正常家庭更为复杂。而且再婚家庭有一些独特的特点，这可能会导致增加再次离婚的风险。

面对婚姻的二次邀请，踌躇不定

小 A 是一位单亲妈妈，已经离婚 3 年，孩子正处在青春期。由于在上一段婚姻中遭遇了许多挫折，决定再也不结婚了，有孩子就已经心满意足。但一年前她在去敬老院做志愿活动的时候认识了一位男士 B，B 幽默风趣，人也很善良，经常来给老人送东西，并帮他们收拾屋子。小 A 在几次志愿活动之后对 B 产生了好感，B 也同样对小 A 表现出积极地关注。虽然 B 是未婚男性，但是他在知道小 A 是离异单亲母亲之后也并不在意，于是二人逐渐开始交往。经过大半年的相处，小 A 和 B 的感情非常稳定，并且已经同居，但是同居时间较短，此时 B 提出想和小 A 结婚，这个决定却让小 A 犹豫不决。她想到了自己的前一段婚姻。她和前夫也是带着深厚的感情进入婚姻，但是由于双方都是不太会沟通的人，婚后因为一些在恋爱阶段不会产生的家庭琐事的矛盾陷入争吵，最终感情磨灭，选择离婚。虽然她和 B 的相处很和谐，但是想到结婚她担心自己重蹈覆辙。因为前一段婚姻的失败，小 A 有一些逃避沟通，不想直接面对这些问题，也不想和 B 沟通解决问题。二婚要面临的问题肯定更加复杂，小 A 和 B 并没有正式沟通过相关问题，尤其小 A 还有孩子且孩子正处在一个心智即将成熟的阶段，不知道孩子是否可以接纳 B 作为家庭成员，接受家庭结构的变化，还有双方父母的态度等不知道还有多少新的问题等着自己，也不知道这份感情是否会继续下去。小 A 非常苦恼，担心拒绝结婚影响和 B 的关系，同时也非常忐忑如果自己答应了 B，B 能否坚持初衷，是否和自己一样重视即将面对的问题，是否能和自己一起面对再婚的种种挑战。如果双方无法共同面对、解决婚姻中的各种困难和挑战，再次走向离婚这个结局，对于孩子的影响也是小 A 无法忽视的，于是找到咨询师寻求帮助。

再婚家庭面面观

再婚家庭的比例是非常高的。我们可以一起来看一些数据，先来看看国外的：皮尤研究中心（Pew Research Center）2011 年在美国进行的一项调查显示，40% 的受访者称自己有继父母、继子女或其他来自重组家庭的亲属；在 30 岁以下的人群中，有 50% 的人有来自再婚家庭的家属（Parker，2011）。2013 年，40% 的美国婚姻中有一方或者双方是再婚，8% 的已婚成年人有过三次或三次以上的婚姻，在美国现有的再婚成年人几乎是 1980 年的两倍。

再来看看国内的数据，我国再婚人数已经连续六年增长，2019 年中国再婚人数为 455.94 万人，较上年增加 26.72 万人，同比增长 6.23%。再婚人数作为婚姻状况的一个非常规指标，数量和比例的增加表明人们对婚姻质量及婚姻自由越来越在乎。

以往对于离婚的研究都集中在第一次婚姻的解除上，研究重组家庭风险因素的较少。有研究表明，再婚的离婚率比第一次婚姻的离婚率高。当再婚家庭中有前一段婚姻带来的孩子时，这种风险会更高。在美国离婚家庭的子女中，近 50% 的子女会经历父母第二次离婚。

首先，再婚家庭离婚风险的增加可能与家庭结构的不确定性有关。离婚和再婚都会造成个人生活的显著变化，让他的家庭关系状态变得模糊。特别是对于再婚家庭，家庭角色的重新定义、和再婚家庭亲属的较少共处、关系边界的不明确，都可能导致再婚夫妇之间及和子女之间的沟通问题。有研究表明，再婚家庭里，两个最常见的压力来源是婚姻冲突和孩子的不当行为。

有效的沟通有助于维持夫妻关系，也是众多心理学家认为的改善关系的关键。实际上，消极沟通往往预示婚姻会向着离婚的轨道发展，再婚的人群已经经历了一次婚姻的瓦解，因此有消极沟通倾向的人会占很高比例。这样的人也更容易在再婚家庭中表现出消极沟通的倾向。在一项关于再婚的纵向研究中，普拉多（Prado）和马克曼（Markman）于1999年发现，个体在第一段婚姻早期表现出的负面沟通与他们第二段婚姻之间存在显著的相关性。有研究评估了65对再婚家庭和52对首次结婚的夫妇解决问题中的沟通，发现再婚夫妇比初婚夫妇更倾向于避免讨论敏感话题，相较于首婚家庭的伴侣，再婚家庭的伴侣更消极，也更倾向于逃避问题。当再次在婚姻中面临棘手的问题时，出于对关系破裂的恐惧，他们往往会担心问题无法解决，无法达成一致，进而导致更大的冲突，于是选择逃避的应对策略，这种消极选择反而会导致负面结果。

其次，除了夫妻之间的沟通外，再婚家庭还面临着继父母或单亲父母和孩子间的沟通问题。父母再婚后，孩子需要接纳一个相对陌生的人成为自己的监护人，他们往往不知道该如何自处，如何同再婚家庭中的其他非血缘关系的亲人相处。于是，当孩子遇到困难，他们会认为对方不一定能够理解自己，说了以后还可能导致冲突，所以不如不说。这也会促进逃避行为的出现。青少年和年轻的成年人通常用孤僻、愤怒和逃避的行为，来回应他们的继父母的交流尝试。而且单亲家长在面对再婚问题时，往往对于自身会遇到的婚姻问题过度反应，从而忽视与孩子的沟通，孩子会觉得这个家没有自己的容身之处，父母不再爱自己。久而久之，孩子也会开始渐渐地远离亲生父母。这种回避也一定程度上反映了孩子对于家庭变化的悲伤和愤怒。而且他们往往找不到排解的方法。而且原生家庭带给孩子的影响远比想象中要大得多，孩子日后的婚姻观和爱情观都会受到影响。这也是为什么大部分再婚家庭的小孩日后也会面临离异或者再婚问题。

纵观以上分析，由于再婚家庭的不确定性，家庭成员往往都容易选择回避的应对方式。家庭本身就是不断变化的，于是，他们担心讨论这些问题会带来更多的变化。只是这种逃避的行为让家庭变得更加不稳定，然后陷入回避和不确定的恶性循环。小A的担忧不无道理，但是她不该被自己想象的困难压倒，自己发愁却不和B沟通。虽然还没有结婚，但是这种回避的选择对于关系发展是不利的。

除了家庭结构变化带来的系统性风险因素，再婚夫妻的人格特征和认知方式也对婚姻的发展有着至关重要的作用。

再婚家庭是一个风险群体，与传统家庭相比，它们拥有更多数量和种类的压力源，婚姻更不稳定。传统的压力认知模型认为，如果再婚家庭中存在着严重的关系问题，随着时间推移，婚姻破裂的风险会越来越大。但 2019 年的一项研究发现，是否会离婚实际上和夫妻双方对于压力的认知有关。研究人员以 170 对再婚家庭的夫妇为样本，研究了家庭压力源严重程度的评估与随后婚姻破裂之间的关系，结果表明，当双方都认为当前的问题很严重时，婚姻破裂的风险反而会降低，对压力的相同认知和评估可能是婚姻的保护因素。所以和问题的绝对严重程度相比，夫妻对问题评估的差异对于婚姻结果的影响是更有意义的。当夫妻之间的评价不同时会导致更糟糕的婚姻结果，因为它会阻碍问题的解决。例如，协作式应对通常要求夫妻双方都认识到问题或压力源是需要解决的，这样的话夫妻才能共享资源、共同解决问题。此外，两人都认可某个问题的严重性也能让对方感受到自己的压力得到了对方的重视和认真对待，从而明确彼此之间的感情。这个研究发现表明，培养一种共同的观点，即“我想我的配偶和我都认为这个问题很严重”也能改善婚姻质量。小 A 此时应该和 B 多沟通一下自己的担忧，如果 B 也在担心着这些事情，就能促进双方彼此理解，共同解决问题。

人格特质对夫妻在面临问题时的应对策略有着显著而独立的影响。神经质得分更高的人更有可能采取消极的情绪导向策略，如逃避、人际退缩和自责，这和他们容易体验负面情绪的特点是一致的，所以他们在应对压力时往往会耗费更多的精力在管理破坏性的情绪上，而不是建设性地解决问题上。但这种选择往往无法缓解负面情绪，反而会产生更加负面的影响。神经质得分较高的人更容易选择破坏关系的策略，而且，虽然自我报告显示，他们更有可能寻求情感支持，但反过来，他们提供支持或站在他人的角度考虑问题的可能性较低。有趣的是，神经质特征与情境之间没有显著的交互作用。这表明神经质得分较高的人不太会改变自己的应对策略，不能灵活地适应环境。所以夫妻之间如果有一方情绪不稳定，他们就更难面对问题和解决问题。想要单方面地输出情绪，会违背平等的原则，进而影响婚姻质量。小 A 在咨询中说到自己是个比较情绪化的人，很担心和别人发生冲突导致自己无法处理，B 要是在和她结婚之后逐渐受不了她的情绪化了要怎么办，其实她这时就已经忽略了她也是有力量的人，可以自己去改变，被情绪和担忧吞没之后忘记了去从 B 的角度思考问题，总是在等待着 B 来帮助她，为她的情绪服务，这种思维也加剧了她对于第二段婚姻的不确定感和恐慌。

智慧拥抱人生第二春

由以上分析可知，重组家庭本身的结构就存在诸多不确定性，导致家庭成员有回避沟通的倾向。为了提升彼此间的坦诚性和开放性，需要建立一种牢固但又有弹性的婚姻纽带。在第二次婚姻中，因为结构性的压力和更复杂的关系，尊重、信任和亲密的婚姻纽带显得更加重要。个人的优点和缺点都是会影响自我、配偶和再婚的重要因素。真诚的尊重不是一种“感觉良好”的、无条件地夸奖。相反，尊重是需要接受配偶和婚姻的“缺点”，共同面对困难。

（1）善用双方的个人特质资源达成共识。这里有一个有效的练习。第一部分让夫妻双方都列出自己的优缺点。然后将缺点分为三类：可改变的、可调整的、需要夫妻双方接受并解决的。最好共享清单，并且进行反馈。练习的第二部分是共同研究夫妻的优点和缺点。这个阶段的重点在于，让大家承认自己的优势并发挥作用。但也要明确一点：并不是所有问题都能解决。事实上，戈特曼（Gottman）和西尔弗（Silver）

于1999年发现大约30%的问题是可以解决的，40%～50%的问题是可以调整的，10%～20%的问题必须被接受。所以可以再增加制定一些规则，在夫妻双方对于优缺点按照比例进行分类之后，需要规定一个时间双方将可改变的和可调整的部分尽可能地完成，并且约定当遇到明确的需要彼此接受的问题时不可以为此生气，但是一定要指出并且予以沟通。增加了这些规则有助于再婚的夫妻之间进行沟通，从而更加了解适应彼此。

（2）**建立平等互惠、共同努力的夫妻相处模式。**婚姻中没有唯一解，如何平衡双方关系是至关重要的。我们需要不断在婚姻中认识到个体之间的差异及处理冲突的能力。最常见的夫妻相处模式有：互补型、冲突最小化型、挚友型和情绪表达支持型。每种风格都有其长处和短处。需要夫妻一起努力的方向是做出一个“明智的”、符合他们喜好的选择，并用舒适、有力的方式来组织他们的婚姻。

（3）**夫妻在面临问题时保持立场一致。**如果一方认为问题已经十分严重，另一方却不以为然，无论是在情绪上还是在解决问题上都是不利的。能想对方所想、忧对方所忧，感受到彼此之间的爱意，那么任何困难都有解决的希望。此外，每个人都希望在亲密关系中得到情感的满足，希望在有冲突时对方能够主动来安慰自己，却很难为对方提供这样的感觉。所以在再婚家庭这个复杂的背景环境中，不要被情绪控制大脑，要多尝试换位思考，互相支持，双方才能更加长久地走下去。

打开看待问题的新视窗

当传统的聚焦于个人分析和解决个人问题的思路无法对某些现象给予恰当的解释和处理时，系统视角被引入研究视野。比如说，当一个人的问题在咨询室得到解决后，其回到家庭很快又“旧病复发”。那么很显然，这个家庭环境大概率是有问题的。所以，系统视角看到了多个元素，更看重两个或多个元素的交互作用，即二元关系视角或多元关系视角。因此，打开一点思路，多看看系统到底发生了什么，也许更有裨益。案例中，小 A 除了反思自我、担心自己与 B 的未来挑战外，不妨回头多看看前一段婚姻中自己所为的系统存在哪些问题，看看是哪些不足影响了自己的婚姻关系，同时也横向对照下未来可能的婚姻是否存在这些系统缺憾，从而多一些思路，使自己可以更理智更从容地做出下一步决策。

学点心理学

【系统视角：问题是被解决方式维持的】

系统视角下有一个非常值得玩味的模型：问题是被解决方式维持的。如图 6-1 问题与解决方式的关系：上面的箭头非常容易理解，出了问题，我们想到用解决方式来处理问题。但是实际上，往往是解决方式让问题迟迟得不到解决。比如，孩子厌学、婚姻濒临破裂的父母都会优先处理孩子的问题而不去吵架离婚，那么孩子很可能会一直厌学。因此系统论的一个应用就变成：不需要去解决某个人的问题，而是通过改变另外的人看待或处理问题的方式，扰动系统内的关系，从而解决问题，如图中下面的箭头所示。比如，上面的例子中，我们尝试去改变父母对待孩子的方式，孩子的问题就可能出现转机。

图 6-1　问题与解决方式的关系

第四节 如何面对与摆脱家暴?

亲密关系像一朵带刺的玫瑰花，让人喜忧参半，欢喜是因为它是孵化爱情与浪漫的圣地，担忧是因为它是滋养控制与伤害的温床。时代发展至今，越来越多的家庭暴力案例出现。那么，家庭暴力是什么，它究竟是如何产生的，我们又该如何应对呢?

被曾经深爱的人伤害，我经历了什么

LD 与女朋友在一场朋友聚会中相识。LD 对女朋友一见钟情，认为“她非常阳光自信，善良而且体贴”，两人很快就相爱了。但随着关系越来越亲密，LD 渐渐发现，女朋友对他的衣食住行及工作社交等都有很强的管控欲望，而且对方越来越喜怒无常。最初的一段时间里，LD 不确定自己的经历算不算是被家暴了。被嘲讽，被抓掐，被罚跪，这些行为好像都没有对自己造成巨大的身体伤害，而且每次情绪风暴后女朋友也会道歉请求自己的原谅，况且自己似乎也的确有做得不好的地方，于是每次都选择原谅。但时间长了，LD 也有点接受不了，提出了分手。这时女朋友却怀孕了，于是两人又重新生活在一起并结了婚。然而，期望着女朋友能有所改变的 LD 万万没想到，这才是他噩梦的开始。妻子在生了孩子后变得更加肆无忌惮，先是要求 LD 在她和其他人之间做选择，切断 LD 与外界的联系，之后逼迫 LD 放弃自己喜欢的工作，把所有工资上交，截断他的经济来源。在家里，妻子几乎每天都会辱骂和攻击他，一开始是巴掌，后来用棍棒，甚至用起了刀具。这种惨剧成了 LD 每天都需要面对的日常。LD 身心俱疲，却不敢离开，一方面担心妻子对孩子做出什么过激的事情，另一方面，LD 觉得自己已经不是个正常人了，也不会被别人接受。这些年的家暴，让 LD 失去了亲友、事业甚至自我。终于，在一次伤情严重的家暴后，LD 的同事帮他报了警。目前，LD 接受了心理咨询、医疗帮助和法律援助，正在努力地重建自己的生活。

家庭暴力面面观

什么是家庭暴力？

家庭暴力，特别是夫妻间或亲密伴侣关系暴力（intimate partner violence，IPV）主要指现任或前任伴侣对其采取的身体、心理、性和其他具有侵害性的控制行为。根据我国最高法院发布的《涉及家庭暴力婚姻案件审理指南》，家庭暴力常见的形式包括身体暴力、性暴力、精神暴力和经济控制四种类型。

（1）**身体暴力**：加害人殴打、捆绑受害人或限制受害人人身自由等，使受害人产生恐惧的行为。

（2）**性暴力**：加害人强迫受害人以其感到屈辱、恐惧、抵触的方式接受性行为，或残害受害人性器官等性侵犯行为。

（3）**精神暴力**：加害人以侮辱、谩骂或者不予理睬、不给治病、不肯离婚等手段对受害人进行精神折磨，使受害人产生屈辱、恐惧、无价值感等作为或不作为行为。

（4）**经济控制**：加害人通过对共同财产的严格控制，摧毁受害人的自尊心、自信心和自我价值感，以达到控制受害人的目的。

尤其在情侣、夫妻关系中，罗兰·米勒在他的《亲密关系》一书里介绍了美国心理学家迈克尔·约翰逊（Michael Johnson，2006）认为的在伴侣中存在的三种主要的暴力形式。

（1）**情境性情侣暴力**（situational couple violence ，SCV）：由个

体的特定情境引起的暴力。一般爆发于双方发生剧烈冲突从而失控的情景。SCV 有可能是交互的，如在双方都异常愤怒的情况下暴发的冲突。

同时 SCV 受到 3I 因素，即激发因素（instigating triggers）、促动因素（impelling influences）及抑制因素（inhibiting influences）这三大因素的影响。并不是情侣双方的每次冲突都会发生 SCV，而是要取决于个体的生活环境、所接受的文化和人际关系等社会因素。

（2）亲密恐吓（intimate terrorism，IT）：在亲密关系中，一方对另一方进行恐吓和控制的行为。通常情况下，亲密恐吓的行为包括对受害者的威胁、恐吓、责备、羞辱、控制等行为，以达到控制、支配、压迫受害者的目的。相较于 SCV 来说，亲密恐吓是更为长期和潜移默化的，造成的伤害也更加持久。在案例中，LD 的妻子将他与其他人隔离开来，运用到了配偶守卫（mate-guarding）行为来控制 LD，是一种强迫权力和暴力的体现。

（3）暴力抵抗（violent resistance）：实际上是政治哲学理论在人际关系中的应用的一个分支，意为在亲密关系中的受害者使用暴力进行反抗。是三种 IPV 中最不普遍的暴力形式。

家庭暴力是如何发生的

家庭暴力的发展过程

莱斯利·摩根·斯泰纳（Leslie Morgan Steiner）写出了描写家暴的畅销书《疯狂的爱》，作为家庭暴力的受害者，莱斯利在 TED 演讲中，向公众讲述了自己的故事，为大家讲解了家庭暴力模式的四阶段。

第一阶段：引诱和迷惑受害者。故事的开始就像任何一个爱情故事一样浪漫美好，相谈甚欢的年轻男女互生好感，在对方身上看不出一点暴力、愤怒或者控制欲的预兆，如同 LD 对女朋友的一见钟情。

第二阶段：孤立受害者。控制对方的言行、生活习惯、人际关系，限制对方与外界接触，干预对方工作以达到使对方服从自己的目的等行为。例如，莱斯利曾经很热爱自己的工作，不愿意离开纽约，但为了爱情，她选择牺牲了自己的梦想，跟随男朋友一起离开。

第三阶段：暴力威胁。施暴者开始用暴力威胁受害者，而绝大部分家暴受害者，在第一次遭受家暴时，都会选择原谅对方，因为他们相信爱可以帮助他们渡过难关。然而事实却很残酷，家庭暴力一旦开始就很难停止，反而会逐步升级。

第四阶段：杀害受害者。施暴者可能会使用下跪等做法来祈求原谅，让人觉得他已经诚心悔过，此时，受害者通常会选择忍耐来维系家庭的完整，期盼对方发生转变。但一次次的妥协只会让施暴者更加肆无忌惮。当家暴发展到这一阶段，无论是留下还是离开，对受害者来说都极度危险，因为家庭暴力发展到最后，施暴者很可能选择杀掉受害者。

家庭暴力的作用机制

雷诺尔·沃科（Lenore Walker）博士（1979）提出“家庭暴力周期”（domestic violence cycle）概念，认为家庭暴力施暴者的行为模式包括：

（1）**产生张力：**施暴者开始对他/她的恋人产生怨恨。

（2）**严重暴力：**施暴者对恋人实施暴力。

（3）**和解/后悔/道歉：**施暴者对自己的行为感到愧疚，并试图以忏悔和补偿，如承诺“这种情况再也不会发生”来“赢”回受害者。

（4）**冷静/蜜月：**施暴者对受害者重新变得友善，双方“忘记”了发生过的不美好，继续在一起生活。

但随着暴力事件次数的增加，蜜月期往往会变得越来越短，而家庭暴力会越来越危险。家暴周期得以成功循环的关键是权力和控制。施暴者往往会用各种方式对受害者施加影响与控制，而暴力是把它们结合在一起的纽带。

博取同情是施暴者常用的控制手段之一，当施暴者展示出自己的脆弱面并承诺悔改时，受害者会出于对恋人的“同情”及“依恋”而选择原谅对方，甚至会产生对自我的怀疑和责备。莱斯利和他的男朋友就是经典案例。莱斯利的男朋友就曾经在童年时期遭遇家暴，出于对男朋友过往经历的同情，于是莱斯利一直想要“拯救”他。同样遭受过家暴的美妆博主宇芽回忆称“男朋友施暴之后，也会示好，第一次遇到这种情况的时候，真的不知道该怎么办”。

此外，通过贬低来打击受害者的自尊自信，弱化他们的自主思考能力或社交工作能力也是施暴者常用的控制方式，被长时间控制后受害者甚至会产生“如果离开他我将一无是处”的想法，这让受害者更加难以与施暴者分离，这也是 LD 无法主动走出家暴的原因。

什么阻碍了受害者获救

1. 高额的沉没成本

受害者考虑到为这段关系所投入的时间、精力、金钱和情感，会找出各种理由让自己原谅对方，如通过追忆往昔美好催眠自己，“还是有希望的，他没有那么坏，之前对我一直很好的”。

2. 受害者陷入了习得性无助的心理绝境

长时间的控制与暴力，让受害者在经济和社交上完全依赖于施暴者，失去对生活和自我的掌控，甚至害怕在尝试离开施虐者时，自己或他人会受到更极端的伤害，渐渐无法相信自己还有摆脱这种生活的可能，于是逐渐放弃希望，继续维持现状。

3. 不愿意主动走出家暴

还有部分受害者由于早年在虐待性环境下长大，可能在很小的时候就认为自己没有价值，也不值得被爱，因此在长大成人后，也会选择回到对于他们而言相对熟悉的虐待性环境中去，这会让他们感受到安全。而这种强迫性重复的近乎受虐的倾向也映射着他们在幼小无助时的内心愿望——一段充满伤害的关系，在重重考验后变得有爱。受害者会认为施暴者偶尔的善意是一种“爱”，他们选择相信对方会从“伤害性的”变成“充满爱意”的，并希望这份“爱意”能够延续，而不是直接将关系终止（这可能也是童年时期他们让自己得以存活的内在信念）。也可以解释为，基于幼年形成的依恋模式，具有高忧虑被弃的人群和拥有高度占有欲及控制欲的人群所吸引。

4. 社会文化环境对家庭暴力的看待与叙述也可能阻碍受害者获救

因为家暴具有极强的隐秘性特质，受传统文化“家丑不可外扬”“清官难断家务事”等观念影响，受害者难以主动向外界求助，他人也难以主动介入其中。甚至也会出现为施暴者开脱（冲动控制能力不足），或责怪受害者（说错或做错事情）的舆论倾向。

坚决抵制家暴

1. 家暴具有普遍性

很多家暴受害者认为“攻击永远不会发生在我身上”，甚至往往无法觉察自己正在经历家庭暴力，或者在爱情和浪漫的光环下怀揣“爱可以克服任何问题”的幻想，原谅、忽视攻击行为。这些不合理的信念的根源是：被攻击和被伤害并不符合爱情童话的剧本。但令人毛骨悚然的是，现实中家庭暴力可能发生在每个人身上，它非常普遍，随处可见，无关性别、种族、信仰、收入和教育水平。据世界卫生组织（WHO）最新数据显示，1/3 的女性（约 7.36 亿）遭受了伴侣的身体或心理暴力。2018 年，全国妇联和国家统计局发布数据显示，22.9% 的女性和 19.9% 的男性都曾遭受过家暴。

2. 家暴对于受害者的危害性极大

家暴会导致受害者出现严重的身体、心理（焦虑症、抑郁症及创伤后应激障碍）及人际（信任问题、亲密恐惧）问题，极端情况下甚至会出现以暴制暴、自杀或被杀等高风险行为。根据 2020 年全国妇联发布的数据显示，每年有 15.7 万妇女自杀，其中 60% 妇女自杀是因为家庭暴力。根据联合国的一份报告显示，2017 年 1 年期间，全球被杀害的女性约为 8.7 万人，其中 34%（约 3 万人）的受害人是被亲密伴侣所杀（UNODC，2018）。研究亲密关系暴力（intimate partner violence）的专家杰奎琳·坎贝尔（Jacquelyn Campbell）教授曾指出，至少有 70% 的杀人犯在最终杀害伴侣之前，曾经对伴侣施加过亲密关系暴力（Campbell et al.，2003）。

在家庭暴力的直接受害者背后，通常还有一个或多个孩子。2006 年，联合国儿童基金会发表题为《紧闭的门后：家庭暴力对儿童的影响》的报告，第一次将“目睹儿童”作为全球性的问题提出。即使按照最保守的估计，每一天全世界也有几十万的未成年人会看到、听到、觉察到暴力在家中发生。对长期生活在家暴中的孩子进行大脑皮层扫描后，研究者发现部分区域发育停滞或特定区域对外部刺激异常敏感的现象。攻击性强、自闭、吸食毒品、早孕、犯罪等问题行为，都与目睹家庭暴力这一危险因素成正相关。让人尤为忧心的是目睹儿童可能从身边的施暴者身上习得暴力行为，由此形成一个暴力不断再生的循环，演变为家庭暴力代际传递。

3. 家暴不利于家庭幸福、社区治安和社会稳定

家庭是构成社会的重要单位，不论是对个人的人格发展、精神稳定还是对社会进步、经济增长都起着至关重要的作用。而家暴是一种对人格的破坏行为，久而久之家庭的积极功能也将消失不见。家暴行为极大地增加了犯罪的概率，家庭结构的松散也会引发一系列的社会问题。

对家暴说不，重回美好生活

1. 识别家庭暴力，认清伤害

要避免受到家庭暴力的伤害，首先要做的就是认清家庭暴力。

坎贝尔设计了《危险评估量表》，用于评估受虐待妇女被亲密伴侣杀害的危险程度，麻超等人（2012）在此基础上设计出适用于中国情境的《危险评估量表（修订版）》，共包括两部分。第一部分共9个题项：曾威胁要杀您；您相信他会杀您；控制大部分生活；对您有暴力且经常性有嫉妒情绪；他曾威胁要自杀或尝试要自杀；他曾威胁您，要伤害您的家庭成员，以阻止您离开他；您是否会认为未来两个月内他一定会对您进行身体上的伤害；在您与他的关系变得不好后，他是否曾监视您。回答“是”计1分，回答“否”计0分，第一部分得分≥6分为高危，4～5分为中危，≤3分为低危。第二部分共2个题项：他曾有使您不能呼吸的行为；他曾有除了使您不能呼吸以外的其他明显的致命行为。第二部分只要符合任意一条即为高危。我们可以据此评估自己的亲密关系的危险程度。

此外，我们也可以关注身心信号，如果我们与恋人在一起，身上总有伤痕，心理上疲惫不堪，绝望无助，甚至提心吊胆，常有性命之忧，那么一定要对当前的关系重新审视，认清现状，看清伤害。

2. 干预家庭暴力，共同面对

干预家庭暴力需要个人与社会一起努力，共同面对。

家暴受害者往往因羞耻感或无望感而陷入沉默，进而错失向外界呼救或寻求帮助的良机，坠入家庭暴力的深渊无法脱身。从家暴受害者自身角度来看，最重要的是学会“自爱”，尊重自己，肯定自己，珍视自己，找回自主决定权，将自己的命运掌握在自己手中。在觉察家暴迹象时及时抽身，在家暴发生时向他人求助保护自己，在家暴发生后及时保存证据，向公安机关报案，申请人身安全保护令，寻求医疗及心理援助。

从社会角度来说，要不断完善与反家庭暴力相关的法律法规，拓宽受害者的举证渠道，加大对施暴者的惩治力度。建立起受害者互帮互助的网络体系。加强对重视心理健康的宣传，让人们更加了解自己，明确自己的所作所为，为潜在施暴者找到合理的愤怒出口，让潜在的受害者知道自己正在经历着什么。

从我们每个人的角度来说，需要加强对每个受害者的包容和保护，重视每个可能在不同阶段经历着不同形式家暴的人。倘若要思考家暴受害者为什么沉默，其实不如问问我们自己，是否为他们提供了一个安全的社会环境，是否让他们感受到外界是非评判的、是支持性的，也是可信赖的，当我们都能积极关注，倾听陪伴，帮助保护他们时，他们才有可能焕发出希望与勇气来拒绝家暴。

3. 挺过家庭暴力，重建生活

离开家庭暴力的围城，未来的生活充满美好。最后需要强调的是，经历过家庭暴力的幸存者展现出了令人动容的坚韧与力量。当邀请他们描述这种经历对他们生活的影响时，他们并没有只陷入过去的痛苦中，而是从中汲取经验，重构生命的意义，并采取行动重建生活，实现了创伤后成长。我们也可以在这个过程中帮助幸存者，为其提供必要的环境和机会，让他们能够过上没有暴力、没有伤害、有尊严的生活，帮助他们充分发挥潜力，追寻目标与价值，实现自我实现。

家庭暴力是亲密关系中残忍的犯罪。受害者一步步走进施暴者精心编织的罗网，经历被引诱、被孤立、被暴力甚至被杀害的过程。由于施暴者的权力与控制，受害者的无力与无助，以及社会文化环境的拒绝与排斥，家暴的受害者通常难以获救。但是家庭暴力是非常普遍且极度危险的，所以我们必须学会“解毒”，通过个人与社会的共同努力，及时识别、积极干预，最终远离家庭暴力！

打开看待问题的新视窗

心理学中有其独特的人性观，即人是自主的，意思是说人都在为自己做选择，选择适合自己的生活。可能有人说，我是被迫服从他人的，但从自主人性观的视角来看，听从他人也是你想要的，这进一步说明了自主是自己意愿的选择。所以从这一点来看，受害者会遭受家暴，一方面有家庭成员互动的影响，另一方面也很难忽略自主这一重要因素。所以当受害者寻求帮助时，我们首先提出的问题可能是，你真的想改变吗？而不是提供具体的改变方法。我们相信在信息爆炸的时代，寻找合适的改变方法对有自主性的人来说是容易做到的。说回到案例中的LD，我们可以为他提供改变的思路，但是具体是否改变，采纳哪种方法去改变，主动权在他手中。这也是我们相信人有自主性的体现。

学点心理学

【人性观——人是矛盾的】

心理学人性观还有第二个点，即人也是矛盾的。说得更具体点，人既想要鱼，又想要熊掌。但事实是，这两者在大多数情况下都不可兼得，人总要做出取舍，但是取舍就会让人痛苦。这种痛苦是消除不掉的，其根源是资源的稀缺性。最终的选择还是要回到自主性上。这样说来，好像心理咨询就无用了，其实非也。心理咨询是让人意识到这种矛盾性的存在，在了解矛盾的前提下，知道哪些是自己更加在意的，哪些是可以看轻一点的，从而更加自主地做出更符合自己心意的选择。

【权力与暴力】

权力是一种职责范围内的领导能力和支配能力。权力在亲密关系中也无处不在。罗兰·米勒在《亲密关系》中指出，依据相互依赖理论，权力是建立在对有价值资源的控制的基础上的。首先，拥有权力的人未必就拥有人们渴望得到的资源；他/她只要拥有控制人们获得这些资源的能力就已足够。例如，伴侣中的双方，一方渴望另一方对自己展现更多的爱意，或者渴望另一方的照顾，那么被渴望的一方就拥有更多的权力。

在这种情况下，权力与暴力往往有着微妙的关系。

权力能够导致暴力。一个人在关系中拥有更多的权力和控制，就可能会利用这种权力来施加暴力行为，如威胁、强迫、控制、虐待等。在这种情况下，受害者可能会感到害怕、无助和受到侵犯。

暴力也能够导致权力。在一些情况下，暴力行为可以导致施暴者在关系中获得更多的权力和控制。例如，当一个人威胁要离开另一个人，或者对另一个人施加暴力，使他们感到害怕或无助，另一个人可能会放弃自己的立场和需求，以避免进一步的暴力行为。这可能导致施暴者获得更多的控制和权力，使得受害者处于更加被动和脆弱的地位。

在某些情况下，权力和暴力可以相互作用，使得关系中的动态变得更加复杂。例如，一个人可能会利用他们在关系中的控制和权力，来施加暴力行为，这可能导致受害者感到更加无助和受到侵犯，从而使他们失去更多的权力和控制。

但权力并不是一味地损害亲密关系，如果人们为了他们和伴侣的关系，关注伴侣的幸福，而不是为了自己私人的满足而使用权力，权力或许会变成一种责任的体现。因此，在亲密关系中，不论是在经济上还是在精神上，拥有更加平等的权力配比，警惕自己一直处于“被支配”的地位也是保护自身安全的一种思路。